Lothar Gassmann

Wahrheit gegen Fake News

Wie wir systematisch belogen und betrogen werden

Selbstverlag Dr. Lothar Gassmann

Selbstverlag Dr. Lothar Gassmann
Pforzheim 2022
www.L-Gassmann.de

Inhalt

Einleitung

1. Lügen auf geistlichem Gebiet

2. Lügen auf politischem Gebiet.

3. Wie können wir die Wahrheit erkennen und in ihr bleiben?

Einleitung[1]

Vor einigen Jahren waren meine Frau und ich mit unseren Kindern auf einer „Demo für alle". Wir protestierten zusammen mit zirka 5000 Menschen in Stuttgart gegen den geplanten Bildungsplan, der von der Genderideologie und Auflösung der Geschlechter geprägt war, und wir demonstrierten gegen die sogenannte „Ehe für alle".

Die Demonstranten waren meist, so wie wir, besorgte Eltern, auch mit Kindern dabei, friedliche Menschen wie du und ich, und darunter waren auch viele Christen aus verschiedenen Kirchen und Freikirchen. Abgesehen von Gegendemonstranten von der „Antifa" und vom Staatstheater verlief alles normal und friedlich.

Als ich dann am nächsten Tag die Zeitung aufschlug, traute ich meinen Augen nicht. Da las ich von einer Zahl von zirka nur ein paar 100 bis 1000 Demonstranten – also nicht von 5000, sondern von etwa einem Fünftel derer, die da gewesen waren, und davon, dass hier „Rechtsextreme Nazis und Schwulenhasser" auf die Straße gegangen seien.

Der Gipfel der Frechheit und der Lüge war aber ein Foto in der Zeitung. Im Hintergrund sieht man die friedlichen Demonstranten, im Vordergrund jedoch stehen Männer mit Hitleruniformen und Hakenkreuzen, daneben Männer mit Kapuzen des rechtsextremen Ku-Klux-Klans. Jetzt fiel mir ein, dass dies die Schauspieler vom Staatstheater waren, die sich am Rand der Demo platziert hatten. Diese hatten wir ja gesehen, als wir vorbeigelaufen waren, und uns darüber gewundert, was das ist. Jedoch die Presse hatte sich, vom Blickwinkel aus gesehen, genau hinter diese Männer in Hitleruniformen mit Hakenkreuzen

---

[1] Vortrag bei der Endzeit aktuell-Konferenz in Hohegrete am 3. Juni 2022. Er wurde von Frau D. Rückert abgetippt und von mir überarbeitet. Die mündliche Rede wurde beibehalten.

und mit zum Hitlergruß erhobenen Armen gestellt, um diese als Vordergrund für das Pressefoto von unserer friedlichen Demo zu präsentieren.

Plötzlich waren wir „Nazis und Ku-Klux-Klan-Anhänger" – schlimmer kann man heute wohl nicht diffamiert werden. So schnell ist man in der rechtsextremen Ecke. Seit einigen Wochen gelte ich, der ich Freund Israels und Zionist bin, sogar als „Antisemit". Man bekommt solche absurden Beschuldigungen nicht mehr aus dem Internet heraus, auch wenn sie noch so „erstunken und erlogen" sind.

Heute möchte ich auf einige solcher Beispiele eingehen, die teilweise auch aus meinen persönlichen Erfahrungen resultieren, und aufzeigen, wie gezielt versucht wird, mutig auftretende Christen mundtot zu machen oder so zu isolieren, dass sie in die extreme Ecke gedrängt werden.

Teilnehmerzahlen von Demonstrationen, die dem linken Trend entsprechen, werden hochgeschraubt. Dabei werden dann mehr Teilnehmer und Teilnehmerinnen (Teilnehmer/Innen = gendergemäß) angegeben, als wirklich anwesend waren. Andererseits, wenn Demonstrationen oder Spaziergänge stattfinden von Menschen, die der staatlich verordneten Mainstream-Meinung widersprechen, werden deren Teilnehmerzahlen massiv verkleinert. Selbst wenn unter Umständen eine Million Menschen beispielsweise in Paris gegen die Ehe für alle demonstriert haben, hat man in der Presse die Zahl dieser Teilnehmer auf vielleicht Einhunderttausend oder sogar nur Zehntausend reduziert. Allerdings konnte man anhand der Bilder, die man zu sehen bekam, fast nachzählen und somit feststellen, dass es sich um viele hunderttausende, wenn nicht eben sogar um eine Million Menschen gehandelt haben muss. Diese Demos fanden etwa um das Jahr 2015 herum statt, und auch heute werden die Zahlen bei friedlichen Spaziergängen gegen staatliche Corona-Maßnahmen und Impfzwang massiv manipuliert. Falls die Meinung der Teilnehmer nicht dem Mainstream entspricht, werden diese Menschen pauschal in die rechtsextreme, Nazi- oder Antisemitismus-Schublade geschoben, auch wenn die wenigstens dieser zuzuordnen sind (es gibt immer Ausnahmen, Unbelehrbare und Spinner).

Das ist eine bewusste Lüge auf politischem Gebiet. Es gibt aber auch Lügen auf geistlich- theologischer Ebene. Als ich mich auf das Thema *„Wie wir systematisch belogen und betrogen werden"* vorbereitet habe, habe ich gemerkt – und das war keine Überraschung – dass die Lügen in unserer Zeit so zahlreich sind wie die Sandkörner am Meer.

Wir können und wollen an dieser Stelle keineswegs alle Lügen in der Welt betrachten, solches wäre auch nicht erbaulich. Aber ich möchte schon ein paar Beispiele einfach im Vergleich zur Wahrheit bringen. Die Wahrheit ist unser HERR Jesus Christus selber (Johannes 14,6). Dagegen in Johannes 8,44 lesen wir: „Satan, der Teufel, ist der Lügner von Anfang an, der Menschenmörder und der Vater aller Lüge."

Überall wo gelogen wird, auch wenn es in unserem persönlichen Leben ist, ist das von Satan – da sind wir nicht in Gott! Wir brauchen nicht mit dem Finger auf andere zu zeigen, wir müssen bei uns selber anfangen: „Stehen wir wirklich in der Wahrheit?" Darüber werde ich am Schluss noch einiges sagen.

Bei dem hier Gesagten handelt es sich weniger um eine Predigt als vielmehr um einen Vortrag. Er besteht aus drei Teilen:

1. *Lügen auf geistlichem Gebiet.* Diese betreffen die biblische Lehre. Durch solche Lügen wird die biblische Lehre verändert und verfälscht.

2. *Lügen auf politischem Gebiet.* Erwähnen werde ich an dieser Stelle auch, dass ich kürzlich mit Gottes Hilfe gegen die Zensur durch YouTube und Google einen großen Sieg erringen durfte.

3. *Wie können wir die Wahrheit erkennen und in ihr bleiben?* Dies betrifft unser persönliches Leben als Christen.

Wir sind in einer Zeit angekommen, in der man alle Meldungen – sei es von links oder von rechts – kritisch überprüfen muss, weil kaum noch der Kommentar von der Nachricht getrennt wird. Das ist sehr bedauerlich. Als Autor, der selber schon Opfer von Zensur und Verleumdung wurde, zeige ich an einigen Beispielen auf, wie Wahrheit so verdreht wird, dass etwas anderes und oft sogar das Gegenteil dabei herauskommt.

Seien wir wachsam, damit wir nicht dem „Vater der Lüge" verfallen, sondern in der Wahrheit bleiben – auch in unserem eigenen Leben! Dazu möchte dieses Buch, das auf einen Vortrag zurückgeht, helfen.

1. Lügen auf geistlichem Gebiet

Wir fangen ganz bewusst mit der Heiligen Schrift an. Ich lese hierzu die eben erwähnte Stelle aus Johannes 8,44 u. 45, wo der HERR Jesus sagt:

Ihr habt den Teufel zum Vater, und was euer Vater begehrt, wollt ihr tun! Der war ein Menschenmörder von Anfang an und steht nicht in der Wahrheit, denn Wahrheit ist nicht in ihm. Wenn er die Lüge redet, so redet er aus seinem Eigenen, denn er ist ein Lügner und der Vater derselben. Weil aber ich die Wahrheit sage, glaubt ihr mir nicht.

Jesus ist die Wahrheit! – Satan ist der Lügner von Anfang an!

Wenn wir nun die Bibel in 1.Mose 3 aufschlagen, finden wir die vier Lügen der Schlange. Was ich auch in meinen Esoterik-Vorträgen immer wieder erklärt habe: Diese vier Lügen der Schlange kennzeichnen sämtliche okkulten Strömungen, sowie Religionen und Ideologien.

Zu Beginn wollen wir von der Bibel her auf diese Lügen der Schlangen eingehen, bevor wir zum politischen Teil kommen.

1.Mose 3,1-5: *Aber die Schlange war listiger als alle Tiere des Feldes, die Gott der HERR gemacht hatte; und sie sprach zu der Frau: Sollte Gott wirklich gesagt haben, dass ihr von keinem Baum im Garten essen dürft? Da sprach die Frau zur Schlange: Von der Frucht der Bäume im Garten dürfen wir essen; aber von der Frucht des Baumes, der in der Mitte des Gartens ist, hat Gott gesagt: Esst nicht davon und rührt sie auch nicht an, damit ihr nicht sterbt! Da sprach die Schlange zu der Frau: Keineswegs werdet ihr sterben! Sondern Gott weiß: An dem Tag, da ihr davon esst, werden euch die Augen geöffnet, und ihr werdet sein wie Gott und werdet erkennen, was Gut und Böse ist!*

Die erste Lüge ist ganz grundlegend: „*Sollte Gott wirklich gesagt haben?*" Das ist sowohl die Lüge des Atheismus, der in Abrede stellt, dass es überhaupt einen Gott gibt, als auch die Lüge der gesamten antiautoritären Welle, der Bibelkritik und so weiter, deren Anhänger Gottes Offenbarungen und Gottes Autorität in Frage stellen. „Sollte Gott uns etwas zu sagen haben?", „Sollte Sein Wort wahr sein?", in diesen Fragestellungen liegt schon die Wurzel aller anderen Lügen, weil Gottes Wort, Gottes Wesen und Gottes Autorität hinterfragt werden.

Die zweite Lüge lautet: *„Keineswegs werdet ihr sterben!"* Wie viele Strömungen gibt es, die die Endgültigkeit und die Grausamkeit des Todes leugnen und sagen, dass wir immer wieder auf die Erde kommen, also reinkarniert werden. Sie behaupten, dass es gar nicht so sein wird, dass wir auf ewig verdammt werden. Solches wie die ewige Verdammnis und die Hölle werden heutzutage in den Religionen, aber auch bis hinein in die sogenannte christliche Theologie geleugnet – Lügen über Lügen!

Die dritte Lüge: *„Ihr werdet sein wie Gott!"* Das ist die Selbstvergottung des Menschen in sämtlichen Systemen der Selbstverwirklichungs-Propaganda in fernöstlichen Religionen und in esoterischen Strömungen. *„Ihr werdet sein wie Gott!"*, das ist die Gottwerdung des Menschen in Ideologien, wo man irgendwelche Führer und Machthaber verehrt - oder Gurus, die sich selber erlösen wollen und andere zur Selbsterlösung anleiten. Sein wie Gott – der Hochmut des Menschen!

Und dann die vierte Lüge: *„Ihr werdet erkennen, was Gut und Böse ist!"* Ja, sie bekommen Erkenntnis ihrer Nacktheit und ihrer Verlorenheit. Sie werden aus dem Garten Eden vertrieben – aber sie werden niemals allwissend sein wie Gott! Dagegen werden sie verführt, damit sie selber nach Erleuchtung und nach Bewusstseinserweiterung streben und nicht mehr Gottes Wort als die einzige Offenbarungsquelle anerkennen.

Von diesen vier Grundlügen der Schlange leitet sich vieles weitere ab.

Als wir vor zirka zehn Jahren die Bibelgemeinde Pforzheim gegründet haben, hatten wir überlegt, ob wir einfach die Bibel nehmen oder ob wir ein Glaubensbekenntnis formulieren möchten. Wir beschlossen dann, die wichtigsten unserer Bibelerkenntnisse zu einem Glaubensbekenntnis zusammenzufassen. Hierzu entschieden wir uns auch, um falsche Lehren abzuwehren, die es heute wie Sand am Meer gibt. Wenn man biblische Grundsätze nicht, beispielsweise in einem Glaubensbekenntnis, formuliert, kann sehr viel Falsches in die Gemeinden eindringen.

Aus jahrzehntelangen Erfahrungen, auch mit Sekten und Weltanschauungen, habe ich dann dieses Bekenntnis geschrieben. Es bedeutet jetzt die Grundorientierung für die Bibelgemeinde Pforzheim, für den christlichen Gemeindedienst, für die Lukas-Schriftenmission und für viele andere Gemeinden und Werke. Ich empfehle dringend jeder Gemeinde, solch ein Glaubensbekenntnis als Orientierungshilfe zu erstellen, auch, um nicht endlose Diskussionen führen zu müssen über Irrlehren, die in die Gemeinden eindringen wollen.

Anhand unseres Glaubensbekenntnisses möchte ich an ein paar Punkten aufzeigen, wo wir von der Bibel her sehen, wo die Wahrheit ist, und wo Lügen sich befinden. Hier nun einige (gekürzte) Beispiele aus unserem umfangreichen Glaubensbekenntnis (es erhebt nicht den Anspruch auf Irrtumslosigkeit, möchte aber Orientierung geben):

WAS WIR GLAUBEN UND BEKENNEN

GOTTES WORT: Wir glauben an die göttliche Inspiration und Autorität, Unfehlbarkeit und Irrtumslosigkeit der gesamten Heiligen Schrift ...

Der Teufel setzt hier bereits an, denn er behauptet, dass die Bibel nicht von Gott stammen würde, sondern dass Menschen sie geschrieben hätten. Man könne sie in verschiedene Quellen und Fragmente aufteilen, sie sei nicht irrtumslos und so weiter und so fort. So wird der Boden unter den Füßen der Menschen weggezogen, die nicht mehr auf Gott und Sein Wort vertrauen. Da setzt der Teufel an und hat heute große Erfolge, leider auch bereits in evangelikalen Gemeinden und Seminaren.

Seit 1976, seit ich zum Glauben kam, lese ich nun schon die Bibel und einen Fehler oder Widerspruch habe ich noch nicht gefunden. Wenn man sie unter Gebet liest und die Zusammenhänge erkennt, dann erkennt man die wunderbare Harmonie vom ersten Buch Mose bis zur Offenbarung an Johannes.

Unfehlbarkeit und Irrtumslosigkeit ... in allen Fragen des Glaubens und Lebens sowie in allen Bereichen, die Geschichte, Natur und Geografie betreffen.

... und auch Geologie u. a. m. – Auch das wird in Frage gestellt, etwa indem behauptet wird: „Ja, in Bezug auf die Glaubensebene mag die Bibel ja zutreffend sein, aber doch nicht, was die Schöpfung, die Sintflut und die ganzen geschichtlichen Zeiträume angeht." Auf diese Weise wird das Seziermesser der Bibelkritik angesetzt – Lügen über Lügen!

Dann haben wir auch geschrieben:

Die Bibel ist mit dem Buch der Offenbarung abgeschlossen. Kein Mensch darf etwas zu ihr hinzufügen oder etwas von ihr wegnehmen (Offenbarung 22,18 f.).

Sämtliche Sekten, falsche Propheten und Neuoffenbarungsbewegungen wollen die Bibel mit ihren eigenen Inspirationen und Schauungen erweitern. Doch das alles stammt vom Vater der Lüge. Die ganzen nachchristlichen Religionen, Sekten und pseudoprophetischen Strömungen können nicht echt sein, denn die Bibel ist in sich abgeschlossen. Ihr darf nichts hinzugefügt werden! Ausgelegt werden darf sie, aber nicht ergänzt oder verfälscht!

Verfälscht wird die Bibel heute leider auch durch viel zu freie Übertragungen oder durch Übersetzungen, die nicht auf den vertrauenswürdigen Grundtext (byzantinischer Mehrheitstext), sondern auf gnostisch-ägyptisch verfälschte Handschriften zurückgehen.

Dann zur Gotteslehre:

DER EINE WAHRE GOTT: Wir glauben an den einen, ewigen, allmächtigen, allwissenden, heiligen, gerechten und barmherzigen Gott, ...

Lüge ist alles, was behauptet, dass es nicht einen Gott, sondern viele Götter gibt, dass Gott nicht ewig ist, sondern vielleicht irgendein aufgestiegenes Geistwesen sei, dass Er nicht allmächtig, sondern Seine Macht begrenzt sei, dass Er nicht allwissend, sondern ahnungslos sei, dass Er nicht heilig ist, sondern so wie griechische „Götter" in allen möglichen Sünden schwelgen würde (das sind keine Götter in diesem Heidentum, sondern Götzen, selbstgemachte Figuren), dass Er nicht gerecht sei, sondern ungerecht und nicht barmherzig, sondern unbarmherzig.

Alle solche Lehren gibt es heute, leider auch bei solchen, die sich „evangelikal" nennen. Und auch vor Büchern solchen Inhalts, von verschiedenen Verlagskonzernen herausgegeben, sollten wir uns hüten.

Der Gipfel der Frechheit war ein Buch, das kürzlich erschienen ist. Dies geschah in einem großen evangelikalen Verlag, der früher gut stand und bibelgetreu ausgerichtet war. Heute aber leider nicht mehr, so wie fast alle großen evangelikalen Verlagskonzerne, die mittlerweile zu einer Kette gehören, die ökumenisch-charismatisch ausgerichtet ist.

In diesem erwähnten Buch, das die Darwinsche Evolutionslehre mit der Bibel zu verbinden sucht, steht tatsächlich drin, dass „Jesus ein Tier" gewesen sei. Wir Menschen seien ja schließlich „höher entwickelte Tiere", und so sei auch Jesus als „ein Tier" gekommen. Den

HERRN so zu erniedrigen, ist wirklich der Gipfel der Frechheit und der Lüge!

Der eine wahre Gott ist der dreieinige Gott – und das ist ganz klar biblisch! Hiervon zeugen viele Stellen wie Matthäus 3,16 f.; 28,19; 2. Korinther 13,13; Epheser 4,3-6; Hebräer 10,29-31; Judas 20.21; Offenbarung 1,4 f. u.a. Wer das bestreitet, der verbreitet ebenfalls falsche Lehre.

Falsche Lehre wird auch dort verbreitet, wo andere Götter verehrt werden. Deshalb haben wir gesagt:

Von jeder Art von Götzendienst, Aberglaube, interreligiösen „Gebetstreffen" und ähnlichem halten wir uns fern. Allen Ungläubigen und Götzendienern bezeugen wir den einzigen wahren Gott.

Es gibt nur einen Gott, den Schöpfer des Himmels und der Erden! Außer diesem einen wahren Gott existieren keine anderen Götter neben Ihm (2. Mose 20,2 f.).

Und weiter steht in unserem Glaubensbekenntnis:

DER HERR JESUS CHRISTUS: Wir glauben an Jesus Christus als den ewigen Sohn Gottes, ewiger Gott und wahrer Mensch zugleich. Wir glauben an die Präexistenz Jesu Christi (Existenz vor Seiner Menschwerdung), an Seine jungfräuliche Empfängnis durch Maria und Seine Zeugung durch den Heiligen Geist (Matthäus 1,18; Johannes 1,1 ff.; 8,58). Wir glauben an Seine Wunder, Verheißungen und Prophezeiungen, die sich alle erfüllt haben oder noch erfüllen werden (Lukas 21,24; 24,44; Offenbarung 1,1 ff.). Jesus Christus, als Er auf Erden wandelte, war der einzige Mensch, der ohne Sünde war und ein vollkommenes und heiliges Leben geführt hat (1. Petrus 2,21 f.; Hebräer 4,15).

Er hat durch Seinen freiwilligen stellvertretenden Opfertod am Kreuz von Golgatha als schuldloses „Lamm" die Menschen mit Gott dem Vater versöhnt (2. Korinther 5,19), so dass jeder Mensch gerettet werden kann, der in Glauben und Buße Jesus Christus als Heiland und Herrn annimmt (Apostelgeschichte 2,38).

Wir glauben an Jesu leibhafte Auferstehung am ersten Tag der Woche (Lukas 24,26-43) und an Seine leibhafte Himmelfahrt (Apostelgeschichte 1,9). Wir glauben, dass Er jetzt zur Rechten Gottes des Vaters als unser Hoherpriester sitzt (1. Petrus 3,22; Hebräer 8,1; 10,12; 12,2) und personhaft in Macht und Herrlichkeit von dort auf den Wolken des Himmels als Weltenrichter auf die Erde wiederkommen wird (Daniel 7; Apostelgeschichte 1,11; 17,31).

So ist die kurze Zusammenfassung von dem, wie es auch im Apostolikum steht. Und wiederum haben wir betont, dass alles, was davon abweicht, Irrlehren sind. Wo die Gottheit Jesu in irgendeiner Weise verändert oder reduziert wird, etwa zu einem bloßen Menschen, einem Friedensprediger, einem Propheten wie im Koran oder was auch immer, da ist Lüge im Spiel, das entspricht nicht der Wahrheit. Und genauso Lüge ist es, wo Sein echtes Menschsein nicht anerkannt wird. Jesus Christus ist wahrer Gott und wahrer Mensch zugleich!

Ich will hier keine dogmatische Vorlesung halten, aber auch die Lügen auf politischem Gebiet beginnen ja im geistlichen Bereich, bei der Substanz, durch die Veränderung der Lehre von Gott, von Jesus, vom Heiligen Geist und auch durch die Veränderung der biblischen Lehre über uns Menschen.

DER HEILIGE GEIST: In vielen Kirchen und Gemeinden kursieren falsche Lehren vom Heiligen Geist. Es sind viele falsche Propheten ausgegangen in die Welt und falsche

Geister tarnen sich als Heiliger Geist (1. Johannes 4,1 f.; 1. Petrus 5,8 f.). Bei interreligiösen Gebetstreffen oder auch in pseudo-charismatischen Kreisen verkündigt man Lehren, die zum großen Teil leider nicht mehr der Bibel entsprechen. Häufig erlebt man dann, dass okkulte Phänomene eintreten: Verlust der Selbstkontrolle, Passivität, Umfallen (meist nach hinten) und andere auffallende körperliche Phänomene (etwa nach Handauflegung) sind keine Zeichen göttlichen Segens oder göttlicher Heilung, sondern des göttlichen Gerichts (Jesaja 28,13; 1. Korinther 14,32 f.). Wir warnen davor, denn hier besteht die Gefahr der Öffnung für dämonische Geister (2. Korinther 11,13-15). ... Biblische Heilung oder Aufrichtung in der Zeit der Gemeinde geschieht in Einzelseelsorge gemäß Jakobus 5, 13-16 und nicht in sensationsgierigen Massenshows. Zerstörerische Irrlehre, Streitsucht und Sektiererei können in der christlichen Gemeinde nicht geduldet werden. Hinter allen Irrlehren und Sektenbildungen stehen falsche Geister, die - wie Satan selber (Matthäus 4,1 ff.) - zu ihrer Tarnung sogar Bibelstellen anführen, aber diese aus dem Zusammenhang reißen und verfälschen. Ihnen ist mit der klaren und nicht aus dem Zusammenhang gerissenen biblischen Lehre zu widerstehen (2. Petrus 2,1; Titus 3,10 f.).

Und auch das Menschenbild fällt der Lüge anheim:

DER MENSCH: Wir glauben, dass der Mensch Gottes Geschöpf und nach Gottes Ebenbild geschaffen ist. Als Mann und Frau schuf Er sie (1. Mose 1,27 f.). Jeder Mensch ist Nachkomme der Ureltern Adam und Eva (1. Mose 1 f.; Lukas 3,23-38). Alle Formen der Evolutionslehre (mit ihrer Behauptung, der Mensch habe sich aus affenähnlichen Vorfahren entwickelt) lehnen wir als unwissenschaftlich und bibelwidrig ab.

Zur Frage des Heils haben wir geschrieben:

DAS HEIL: Wir glauben, dass Jesus Christus aus Liebe zu uns Menschen am Kreuz von Golgatha eine ewige, vollkommene Erlösung vollbracht hat. Dieses Heil wird nicht durch Sakramente, Priester, eigene Werke oder ähnliches vermittelt, sondern als freies Geschenk in vertrauensvoller Annahme des Sühneopfers Jesu Christi empfangen. Der in Sünde verlorene Mensch wird allein durch den Glauben an Jesus Christus und allein aus Gnaden von Gott gerechtfertigt (Römer 3,23 f.). Die guten Werke sind die Frucht und der Erweis des wahren rettenden Glaubens – als Folge und nicht als Voraussetzung des Errettet-Seins (Jakobus 2,17; Galater 5,22 f.). Wer Jesus Christus in Buße (Reue und Abkehr von der Sünde) als Herrn und Heiland in sein Leben aufgenommen hat, ist ein Kind Gottes geworden (Johannes 1,12). Er ist aufgerufen, in Jesus Christus, dem wahren „Weinstock", zu bleiben, wachsam zu sein und nicht vom rettenden Glauben abzufallen (Johannes 15; 1. Timotheus 4,1; Hebräer 6,4 ff.; 10,19 ff.). Alle anderen Heilswege (z.B. Werksgerechtigkeit, Sakramentalismus, Bilder- bzw. Götzendienst, Heiligen- bzw. Marienverehrung, Selbsterlösung durch Psychologie o. ä.) lehnen wir ab.

Gerade solches aber ist heute in vielen Bereichen, die sich Kirchen nennen, verbreitet.

Und nun ein letzter Punkt aus dem Glaubensbekenntnis:

DAS VERHÄLTNIS ZUR ÖKUMENE UND ZU DACHVERBÄNDEN: Wir glauben und erkennen, dass die Gemeinden in urchristlicher Zeit nicht in ökumenischen Zusammenschlüssen und Dachverbänden organisiert waren. Die einzelnen Gemeinden standen zwar in brüderlicher Verbindung miteinander, waren aber strukturell selbstständig und voneinander unabhängig. Sie wurden zusammengehalten durch Jesus Christus als Herr der Gemeinde, den gemeinsamen Glauben, die Briefe und Schriften der Jünger und Apostel und die brüderliche Liebe. Mit großer Trauer müssen wir feststellen, dass sich heute die meisten christlichen Werke, Dachverbände und Gemeindeverbände – auch im evangelikalen Bereich – in die babylonische Ökumene (Offenbarung 17) haben hineinziehen lassen – und im Gefolge davon auch viele der ihnen angeschlossenen Gemeinden. Wir glauben demgegenüber, dass sich Biblisches und Unbiblisches, Licht und Finsternis, Christus und Belial nicht miteinander vermischen dürfen (2. Korinther 6,14-18). Von allen ökumenischen Zusammenschlüssen und Allianzen halten wir uns daher fern. Wir versammeln uns in unabhängigen Gemeinden, sind allein Jesus Christus unterstellt und haben die Bibel als einzige Grundlage unseres Glaubens und Lebens. Zu anderen unabhängigen bibeltreuen Gemeinden pflegen wir brüderlichen Kontakt.

Ich finde es wichtig, dass wir – wie es auch schon die Väter gemacht haben – in unseren Bekenntnissen sagen: „So steht's geschrieben, das lehren wir, und das andere verwerfen wir!" Natürlich sind Bekenntnisse nicht mit Gottes Wort gleichzusetzen. Klar ist jedoch, dass sie von der Bibel her überprüfbar sind. Sie bedeuten einen gewissen Schutz, dass nicht jede Art von Irrlehre in Gemeinden eindringen kann.

Deshalb haben die Reformatoren Bekenntnisse formuliert. Allerdings gehen wir längst nicht mit allem einig, was diese geschrieben haben, wie etwa über die Taufe oder über die Endzeit. Daran sehen wir aber auch, dass Bekenntnisse immer wieder von der Bibel her überprüft werden müssen. Dennoch bedeuten sie einen Schutz, dass nicht alles und jedes in die Gemeinden einströmt.

2. Lügen auf politischem Gebiet

Von den Lügen auf politischem Gebiet werde ich einige wenige nennen. Ich möchte besonders solche anführen, von denen ich bezeugen kann, dass sie gelogen sind, weil ich persönlich die Begebenheiten erlebt habe oder die Beteiligten gut kenne und daher weiß, dass das darüber Behauptete nicht stimmt. Deshalb halte ich es für das Beste, wenn ich diese Dinge etwas auf die persönliche Ebene bringe.

Die „Demo für alle" habe ich schon genannt. Nun möchte ich etwas Grundsätzliches sagen. Es läuft etwas ab, das man nennen kann:

Die Unterwanderung von Politik, Justiz, Medien und Kirchen durch die 68er-Bewegung

Ich selber bin Jahrgang 1958, habe aber bereits mit zehn Jahren diese 68er-Bewegung mitbekommen: die Studentenrevolution, die Frankfurter Schule, und vor allem deren Vordenker Max Horkheimer, Theodor W. Adorno, Herbert Marcuse und Jürgen Habermas. Diese verkündigten die Sozialphilosophie der Frankfurter Schule. Das Ergebnis davon ist das, was wir als Postmoderne heute haben: die Relativierung der Wahrheit. Diese besagt: „Es gibt keine absolute Wahrheit. Die festen Wertmaßstäbe, besonders die christlichen Werte und die christlichen Gebote, sind aufzulösen. Wir müssen alles durch endlose Diskussion neu erschaffen."

Das war das Programm von Jürgen Habermas, der heute noch im hohen Alter lebt. Er hatte sehr viel Einfluss damals, vor allem auf die junge Generation an den Unis. Und diese Bewegung hat den Marsch durch die Institutionen unternommen, sie hat die führenden Stellungen erobert und ist heute voll durchgedrungen in Regierungen, Politik, Gerichten, Medien und leider auch in Kirchen.

Die Bischofsstühle sind heute, mit wenigen Ausnahmen, alle von neomarxistisch geprägten linkssozialistischen „Theolog/Innen" (Gendersprech) besetzt. Wie ich gerade gelesen habe, haben sie jetzt auch in Württemberg „einen Mann der Mitte" als Bischof gewählt, also keinen Pietisten oder „Frommen". Überall also sind inzwischen die Überzeugungen dieser Bewegung durch- und eingedrungen.

Auch als der Pietist Gerhard Meier Bischof war, musste er viele Kompromisse schließen. Er war einst mein Studienleiter im Albrecht-Bengel-Haus und schrieb viele gute Kommentare. Leider ließ er sich dann aber auch ein Stück weit in die ökumenische Richtung hineinziehen. Je höher man aufsteigt, umso weniger kann man wirklich ganz konsequent handeln – das ist traurig!

Aber es gibt dann solche, die sich Bischöfe nennen, obwohl sie ganz durch den Neo-Marxismus geprägt sind. Nur so kann man unter anderem den Kampf der Bremer Kirchenleitung gegen den bibeltreuen Prediger Olaf Latzel verstehen. Eigentlich kann man sich kaum vorstellen, dass die Kirchenleitung gegen einen Pfarrer vorgeht, der vielleicht scharfe Worte findet, von der Aussage her jedoch biblisch klar ist.

Das sind die Folgen der Unterwanderung durch die 68er-Bewegung: Linkssozialistischer Kurs, Auflösung biblischer Werte, wie beispielsweise der Zehn Gebote, und die Bekämpfung aller Anders-Denkenden durch Schubladisierung und gezielte Verleugnung. Man kann hier sogar wirklich von „Hetze" sprechen, denn nicht wir sind die Hetzer, sondern diejenigen, die massive Verleumdungen und Lügen in die Welt setzen.

Wir, als Christen, wenn der Geist Gottes in uns wohnt, haben ja vom HERRN den Auftrag, in der Wahrheit zu wandeln und die Wahrheit zu sagen, nichts als die Wahrheit. Wer jedoch nicht in Christus ist - wo hat derjenige denn eine moralische Instanz, die ihm aufträgt: „Du bist mein Nachfolger, du musst in der Wahrheit wandeln!'"? Ein wahrer Christ will nichts anderes als die Wahrheit sagen!

Es handelt sich um ein geistliches Problem. Die Menschen haben keine Beziehung zu Gott, der ja *die Wahrheit* ist, und dann bleibt ihnen nur die Seite des Lügens. Das ist keine Hetze, wenn ich sage. Das ist es, was uns die Bibel darüber berichtet, unter anderem im Johannesevangelium, Kapitel 8. Wer nicht in Christus ist, befindet sich bewusst oder unbewusst auf der Seite Satans. Das ist ein hartes Wort, aber so sagt es die Bibel. Es gibt keine Neutralität: entweder Christus oder Satan – neutral geht nicht! Der Mensch muss sich entscheiden!

Und jetzt kommt die Schubladisierung: Die Andersdenkenden werden schubladisiert, das heißt, in eine Schublade gedrängt und mit einem Etikett darauf versehen. Dann sind sie verleumdet und erledigt durch Parolen, wie sie seien „Nazis, Rechtsextreme, Antisemiten, Homophobe, Islamophobe, Antidemokraten – Feinde der Gesellschaft". Dies betrifft und trifft zwar noch andere, die konservativ denken, aber wenn es gegen Christen gerichtet ist – wenn es uns trifft – dann bedeutet das *Christenverfolgung*. Diese geschieht erst einmal durch Verleumdung und Isolierung, irgendwann jedoch durch physische Verfolgung bis hin zu Geldstrafen und Gefängnis – und vielleicht irgendwann zur Hinrichtung, wer weiß!

Nun möchte ich hierzu einige aktuelle Beispiele einbringen, die ich erst einmal im Überblick nenne. Zunächst werde ich über Fake News berichten und zitieren, was Wikipedia darüber schreibt. Dann über die Zensur in sozialen Medien. Des Weiteren werde ich ein aktuelles Ereignis schildern, das vor kurzem in Süddeutschland bei einem „Tag der Orientierung" passiert ist. Danach werde ich einen persönlichen Fall einbringen, bei dem die Amadeu-Antonio-Stiftung Hetze gegen mich als Person und auch gegen andere betreibt. Hierzu möchte ich dann auch das Gegen-Schreiben eines Anwalts offenlegen. Auch werde ich etwas über die Lügen im Zusammenhang mit den Corona-Maßnahmen berichten. Dann folgt die Zensur einer „Rede für die

Freiheit", die ich euch ebenfalls vortragen möchte. Ebenfalls informieren möchte ich über den Sieg gegen Google und YouTube, den wir sowohl im Gebet, aber in diesem Fall auch vor Gericht davongetragen haben. Dass so etwas heute noch möglich ist, ist sehr erfreulich! Und schließlich möchte ich noch zum Klimawandel einiges beitragen, auf die Kriegspropaganda eingehen und abschließend sagen, wie wir Christen in der Wahrheit wandeln sollen. Und bei all dem glaube ich nicht, dass es langweilig sein wird.

Für den Überblick möchte ich sagen, dass wir noch einige Politiker in verschiedenen Ländern haben, die dem Mainstream nicht so entsprechen. Wir sollten uns fragen, warum an diesen Politikern in unseren Medien „kein gutes Haar gelassen" wird. Hier Putin zu nennen, ist mir wegen des herrschenden Krieges in der Ukraine zu heikel. Vielleicht habt ihr euch aber beispielsweise bei Donald Trump gefragt, warum fast alles, was er sagt und tut, negativ bewertet wird, dagegen jedoch alle anderen „gut" sind. Nachdem ich mir seine Reden im Original angehört hatte, merkte ich, dass vieles von dem, was er sagte, richtig ist. Zwar lobt er sich selber (weil ihn sonst fast keiner lobt), vieles aber, von dem, was er sagt, entspricht christlichen Werten. So hat er beispielsweise bei der Pro-Life-Demonstration in Washington D.C. gesprochen. Ebenso auch Mike Pence, sein christlicher Vizepräsident, der als Katholik in den USA in eine evangelikale Freikirche geht. Donald Trump wird bei uns ja nur verleumdet, aber ich stehe ganz klar zu der Auffassung, dass er viel christlicher ist als sein Nachfolger, der jetzige Präsident der USA, Joe Biden.

Ähnliches gilt für Brasilien. Unsere Nachbarn sind Brasilianer, die selber den Präsidenten Jair Bolsonaro kennen und sagen, dass er der christlichste Präsident sei, den sie seit langem haben. Bei uns jedoch wird er als „rechtsextrem" dargestellt.

Oder denken wir an den Viktor Orbán, dem Ministerpräsidenten von Ungarn. Dort ist jetzt eine Frau mit in die Regierung gekommen, die die christlichen Werte vertritt, was in den öffentlichen Medien so aber nicht berichtet wird. Oder auch der polnische Präsident Duda. Das sind fromme Katholiken, bei denen manches „konservativer" abläuft als bei uns. – Versteht mich bitte nicht falsch: Ich teile durchaus nicht alles, was diese Staatsoberhäupter sagen und tun! Aber in Deutschland werden nur die negativen Seiten von ihnen vermeldet. Das ist unsachlich und unfair.

In Deutschland findet sich unter anderem die Werte-Union in der CDU / CSU oder auch die AfD, wobei auch darin längst nicht alles christlich ist, und ich möchte hier auch keine Parteipolitik betreiben. Nur warum werden solche Vereinigungen und Parteien pauschalverketzert? Weil sie dem linkssozialistischen Zeitgeist widersprechen.

Wie bereits gesagt: Es ist nicht alles gut, was diese Personen und Parteien machen. Aber wenn ich die Zehn Gebote neben die Parteiprogramme lege, dann sehe ich, dass diese Der Werteunion und AfD wesentlich näher sind als den links-rotgrünen Parteien, die wir leider inzwischen weitgehendst in unserer Regierung antreffen.

Nun beginnen wir mit Fake News:

Was sind eigentlich Fake News?

Wikipedia schreibt im Artikel „Fake News" darüber:

Als **Fake News** ... werden manipulativ verbreitete, vorgetäuschte Nachrichten bezeichnet, die sich überwiegend im Internet, insbesondere in sozialen Netzwerken und anderen sozialen Medien, zum Teil viral verbreiten. Der Rechtschreibduden, der den Begriff 2017 in die 27. Ausgabe aufnahm, definiert ihn als umgangssprachlich für „in den Medien und im Internet, besonders in sozialen Netzwerken, in manipulativer Absicht verbreitete Falschmeldungen". Zunehmend wurde Fake News auch zu einem politischen Schlagwort und Kampfbegriff.

Auch Wikipedia ist ja nicht neutral, es wird von Google gesteuert, das wiederum von der „Elite" gelenkt wird. Fake News bleiben hier sehr stark auf die sozialen Medien beschränkt - und die öffentlichen Medien mit der „veröffentlichten Meinung" werden nicht miteingeschlossen. Dieser Bericht über Fake News ist also ein Stück weit selber ein „Fake New".

Hier noch ein Zitat aus diesem Artikel über Fake News von Wikipedia:

Die britische Zeitung The Guardian bezeichnet Fake News im engsten Sinne als Falschmeldungen, die glaubwürdigem Journalismus ähneln, jedoch komplett frei erfunden sind, um ihre Leser zu täuschen und um damit für Aufmerksamkeit, Weiterverbreitung und Werbeeinnahmen für ihre Urheber zu sorgen. Im weiteren Sinne lade besonders das Internet dazu ein, Scheinwahrheiten zu verbreiten, die nicht komplett falsch, aber verdreht und aus dem Zusammenhang gerissen sind. ...

Die Stiftung Neue Verantwortung ... versteht Fake News vor allem als Desinformation, „als Verbreitung von falschen oder irreführenden Informationen in der Absicht, einer Person, einer Organisation oder einer Institution zu schaden." Die Stiftung unterscheidet dabei zwischen ausgedachten, manipulierten und missinterpretierten Inhalten.

Und dann zitiert Wikipedia noch:

Die Langzeitstudie Medienvertrauen am Institut für Publizistik der Johannes-Gutenberg-Universität Mainz im Januar 2018 ... Die Studie kommt zu dem Ergebnis, dass die „Lügenpresse-Hysterie" in Deutschland ab-ebbt: „Nach wie vor genießen der öffentlich-rechtliche Rundfunk und die Tagespresse das Vertrauen von etwa zwei Dritteln der Bevölkerung. Nur jeweils fünf Prozent sind ihnen gegenüber grundsätzlich misstrauisch. Einen regelrechten Vertrauenssturz hat dagegen das Internet erlebt: Nur noch zehn Prozent der Bürger halten Internet-Angebote im Allgemeinen für vertrauenswürdig. ... Nur etwa zwei bis drei Prozent halten Nachrichten in den Sozialen Netzwerken für vertrauenswürdig."

Fällt uns etwas auf? – Nun, es wird gesagt, dass wir den öffentlich-rechtlichen Medien weiterhin glauben könnten, denn immerhin vertrauen „zwei Drittel" der Bürger ihnen noch bedingungslos. Wenn jedoch freie Meldungen über irgendwelche dubiosen Plattformen übers Internet gesendet würden, dann dürfe man denen nicht vertrauen. Diese seien nicht glaubwürdig, denn denen glauben ja „nur noch zwei bis drei Prozent".

Im Folgenden bringe ich ein Zitat von der Internetseite www.konjunktion.info:

In Zeiten des Internets und der sozialen Medien ... erreichen andere Meinungen, kritische Gedankengänge eine weit größere Masse als zuvor. Um diese Entwicklung zurückzudrehen, setzen Regierungen auf die Zensur durch die Internetunternehmen, damit ihnen nicht dem Geruch des Zensors anhaftet. Obwohl sie es selbst sind, die durch Gesetze, Vorgaben und Richtlinien die offene Zensur erst einfordern und möglich machen.

An sich zensieren also nicht YouTube, Facebook, Twitter und Co., sondern die Regierungen. Diese auferlegen YouTube und anderen

Plattformen eine hohe Strafe, wenn sie nicht-regierungskonforme Inhalte nicht aus dem Netz entfernen, beispielsweise solche, die nicht den Richtlinien der WHO entsprechen. Es gibt bei YouTube eine lange Liste in den Community-Richtlinien, auf der vermerkt ist, was man alles nicht in YouTube sagen darf: zum Beispiel, dass es keine Corona-Pandemie gäbe, dass Ivermectin ein Heilstoff sei, dass viele Todesfälle infolge der Impfung auftreten würden, dass Masken schädlich seien und so weiter.

Weiter lesen wir auf der Seite www.konjunktion.info:

Heute sind *Facebook*, *Twitter* und Co. vereint mit den immer totalitärer agierenden westlichen Regierungen, wenn es um die Sperrung von wichtigen, kritischen Kanälen und Persönlichkeiten auf ihren Plattformen geht. Die Rede- und Meinungsfreiheit wird immer mehr zu einem Relikt aus der Vergangenheit. ... Neben echten Spammer-Seiten wurden aber auch unzählige verlässliche und glaubwürdige alternative Medien gelöscht. ... Alle politischen Richtungen traf der Bannstrahl, jedoch haben alle gemein, dass sie sich kritisch mit dem politischen Geschehen auseinander setzen.

Man löscht folglich nicht nur echte Fehlmeldungen. Falschmeldungen gibt es von allen Seiten, von links und von rechts. Auch ich habe manchmal schon etwas weitergeleitet, bei dem ich zu wenig nachgehakt hatte, ob diese Meldung auch stimmt. Da wurde für jemanden Geld gesammelt, der operiert werden muss, nur war das eben eine Fake-Meldung, gar keine echte. Solche Dinge gibt es eben auch, und man muss schon vorsichtig sein bei allem, was ankommt, auch bei den Sozialen Medien – das bestreite ich gar nicht!

Wir müssen aufpassen! Aber dass bei den öffentlich-rechtlichen alles stimmen würde, davon hoffe ich, dass das heute keiner mehr glaubt. Die Journalisten möchte ich nicht schlecht machen, das sind alles auch nur Menschen. Sie stehen aber durch ihre Redaktionsleitungen unter Druck, und diese wiederum stehen unter dem Druck der Regierungen. Und selbst die Regierungen haben Druck von denen, die ihnen wiederum sagen, wo es lang zu gehen hat: von den Eliten. Diese treffen sich immer wieder, zum Beispiel in Davos zum Weltwirtschaftsforum (siehe mein Buch „The Great Reset unter der Lupe. Die Pläne der Globalisten", Jeremia-Verlag). Darüber und über andere Kreise wird der Einfluss ausgeübt.

Nun zu einem aktuellen Beispiel. Ich habe hier bewusst ein Werk gewählt, das eigentlich nicht besonders konservativ ist. Das war es vielleicht früher gewesen. Ich habe dort auch schon vergangenes Jahr gesprochen, also ein Jahr, bevor das passiert ist, was wir jetzt hören. Es handelt sich um eine gewisse theologische Richtung, und ich möchte hier weder etwas verteidigen noch über diese Frage diskutieren. Es geht mir hier einfach darum, was die Zeitung über die Veranstaltung in dem christlichen Werk schreibt.

Ganz bewusst habe ich nicht „Hohegrete" genommen, wo ich häufig spreche, sondern ein Haus in Süddeutschland, die „Langensteinbacher Höhe". Vielleicht ist diese manchen bekannt. Es handelt sich um ein großes Konferenzzentrum, wo Redner aus verschiedenen Glaubensrichtungen und auch aus verschiedenen politischen Richtungen sprechen. Das Zentrum ist also gar nicht so eng, wie das jetzt hier dargestellt wird.

Und trotzdem ist erst kürzlich ein Bericht erschienen, mit der Überschrift: „Christen mit Rechtsdrall". Das stand am 21.05.2022 in den „Badischen Nachrichten" zu lesen. Daraus zitiere ich nun einige Sätze und kommentiere diese kurz.

Tag der Orientierung … Es handelt sich um ein Treffen der konservativen bis rechten Christen – mit durchausprominenter Besetzung aus der Szene (ein abwertender Begriff).

Vertreter betonen, sich in ihrem Glauben streng an die Bibel zu halten (Das allein gilt heute häufig schon als Verbrechen). Übersetzt heißt das, dass dazu auch gesellschaftlich extreme Positionen gehören. (Bibel = extrem – wird gleich negativ gewertet). Homosexualität als Behinderung, Abtreibung als Verbrechen und eine Nähe zur AfD – die Haltungen der Redner sind selbst unter konservativen Gläubigen umstritten. (Wer ist nicht umstritten? Jeder ist doch bei einem Andersdenkenden schnell umstritten. Bei mir sind diejenigen umstritten, die solche Berichte schreiben! – Umstritten heißt gar nichts.) …

Der Veranstalter, die Langensteinbacher Höhe, ist für seine konservative Ausrichtung bekannt. Das freikirchliche Zentrum bietet Seminare und Freizeiten an – alles bibeltreu. So soll ein Vortrag erklären, ob der Krieg in der Ukraine nun die biblische Endzeit bedeutet …

Einer der vorgesehenen Redner zählt zu den bekanntesten Köpfen der Szene: Helmut Matthies. Für ihn ist Homosexualität eine Sünde. Aber man dürfe Homosexuelle nicht diskriminieren, das sei angeboren – „wie wenn jemand mit sechs Fingern an einer Hand geboren würde". – Ich kann mir nicht vorstellen, dass Matthies dies so gesagt hat – und ich kenne ihn recht gut! – Was da für ein Durcheinander steht! – Abtreibungen hält Matthies für „das größte Verbrechen der Gegenwart in Deutschland". Und Muslime sollte man seiner Ansicht nach missionieren. – Ja, wie schrecklich! Man will die Muslime wegen ihres Glaubens nicht verloren gehen lassen, deshalb muss man sie ja missionieren. – Wenn ich „schrecklich" sage, meine ich das natürlich ironisch.

Der 72-Jährige gehört zu den Evangelikalen. Für diese Protestanten stehen die Bibel, das Kreuz und die Auferstehung Jesu Christi im Mittelpunkt. Matthies leitete knapp 40 Jahre lang die evangelische Nachrichtenagentur „idea". Diese ist evangelikal orientiert und umstritten. (Hier haben wir wieder das nichtssagende Wort: umstritten.) Die Evangelische Kirche hat "idea" 2020 die Mittel gestrichen. (Aha, das soll der Beweis dafür sein, wie böse diese Nachrichtenagentur ist, wenn die evangelische Kirche, die ja selber durch die 68er linkssozialistisch unterwandert ist, der konservativen „idea" die Mittel streicht. Dabei sind sie ja noch nicht einmal so konservativ, wie sie hier dargestellt werden.) Mittlerweile veröffentlicht Matthies in der konservativen bis rechtsnationalen Wochenzeitung „Junge Freiheit". (Das wirkt hier so „nach rechts gedrängt". Meiner Meinung nach handelt sich hierbei um eine der wenigen Zeitungen, die noch unabhängig berichten.) …

Krankheitsbedingt falle er für den „Tag der Orientierung" leider aus, heißt es vom Veranstalter. Aber die weiteren Redner und sein Nachrücker stehen alle in Verbindung mit „idea" (also auch: „rechte Ecke"). Für Matthies soll der württembergische Theologe Winrich Scheffbuch, 83, sprechen (Dieser alte Bruder, der wirklich über jeden „Verdacht" erhaben ist, muss sich das, was die schreiben, jetzt noch gefallen lassen!). Für „idea" schrieb er darüber, wie er gegen die Corona-Maßnahmen demonstrierte, diese habe er „bisher nur aus diktatorischen Regimen" gekannt. – Es hat mich gefreut, dass Winrich Scheffbuch das auch so durchschaut hat. Aber das ist natürlich ein „Kapitalverbrechen", wenn man gegen solche Maßnahmen protestiert.

Nun geht es weiter mit Johannes Holmer, dem Sohn von Uwe Holmer. Über diesen wurde gerade ein Film gedreht, der darstellt, wie er den Honeckers (DDR) Asyl geboten hatte. Also war das wahrlich kein Rechtsradikaler! Und sogar dessen Sohn kommt hier in die Schlagzeilen.

Auch über Johannes Holmer hat „idea" schon berichtet, ihn als „engagierten Evangelikalen" geehrt. Der Pastor sitzt im „idea"-Vorstand. Holmer spricht sich gegen die Segnung gleichgeschlechtlicher Paare aus und kritisiert Abtreibungen („Dieses massenhafte Unrecht schreit zum Himmel"). – Wir furchtbar in den Augen der „Badischen Neuesten Nachrichten"!

Hinzu kommt mit Hermann Binkert ein Mann, der weniger als frommer Christ bekannt ist, sondern eher durch sein Marktforschungsinstitut „insa". Dem früheren Mitglied der CDU und der Werteunion wurde als „insa"-Chef immer wieder eine Nähe zur AfD nachgesagt. Auf Anfrage gibt Binkert zu, der Partei vor neun Jahren Geld gespendet zu haben. – Darf man das nicht mehr, Parteien Geld spenden? Und dann sagt Binkert noch, zitiert von den BNN: – „Meine Aufgabe ist es aber, gegenüber allen Parteien gleich zu sein". ...

Nun gelangen wir zum eigentlichen Hintergrund dieses Artikels. Das ist ein Buch, das derzeit überall in liberalen, beziehungsweise pseudoliberalen Kirchengemeinden herumgereicht wird und dessen Autorin Liane Bednarz heißt. Über sie lesen wir weiter:

Liane Bednarz hat diese christliche Szene schon länger im Blick und in einem Buch über „Die Angstprediger" (das ich keinesfalls empfehle) beschrieben, wie rechte Christen Gesellschaft und Kirchen unterwandern. – Nun sind wir diejenigen, die die Gesellschaft unterwandern, nicht mehr die 68er! Es tobt hier ein Geisteskampf! Wir versuchen nicht zu unterwandern, wir leben so, wie das über die Jahrtausende immer war: dass die Familie hochgehalten wurde, dass die Bibel hochgehalten wurde, dass das Volk hochgehalten wurde – und heute will man das alles im Globalismus kaputt machen. – Für die Publizistin handelt es sich um ein bemerkenswertes Treffen in Langensteinbach. „Die Redner fallen durch eine bedenkliche Schlagseite auf, die das klassisch konservative Denken sprengt", sagt Bednarz. „Die Kombination aus AfD-Befürwortung und der Ablehnung von Abtreibung ist typisch für Christen mit Rechtsdrall."

Alles wird hier zusammen- und durcheinandergemischt – und dann entsteht die entsprechende „Suppe" daraus.

Der Organisator möchte sich nicht äußern. Diese würden die Veranstaltung harmlos klingen lassen, erklärt Bednarz, um unter dem Titel „Orientierung" ihre ausgrenzende Agenda unter das Publikum zu tragen. Sie betont aber auch: Das evangelikale Milieu in Deutschland sei mittlerweile sehr heterogen. „Mehrere führende Köpfe sprechen sich explizit gegen rechte Tendenzen aus." – Ich weiß, dass es bei den Evangelikalen inzwischen auch viele 68er gibt.

Ich – ein Antisemit?

Jetzt komme ich zu meinem Fall; was da im Internet erschienen ist, „ist echt der Hammer"! Der Artikel heißt:

Mit Gott gegen die Spritze CHRISTLICHER FUNDAMENTALISMUS UND DIE QUERDENKEN-BEWEGUNG, erschienen im Belltower - das ist eine Seite der linkssozialistischen Amadeu-Antonio-Stiftung, die als regierungsnahe Stiftung gilt.

Am gleichen Tag, an dem der Artikel erschienen ist, wurden auf zwei YouTube-Kanälen Videos von mir gelöscht. Es handelt sich folglich um eine konzertierte Aktion, offenbar speziell gegen mich. Ich habe den Eindruck, dass ich durch meine *Rede für die Freiheit* wohl zum Störfaktor geworden bin.

Ich lese nun aus dem Artikel vor und werde kurz dazu sagen, wo es sich um Unwahrheiten, Lüge und Verdrehungen handelt. Mir geht es darum, dass ihr seht, wie so etwas formuliert wird. Die Menschen halten solches dann für wahr. Woher sollten sie auch wissen, was darin alles *nicht* wahr ist?

Genau wie viele Querdenker:innen machen christliche Fundamentalist:innen in Jüdinnen und Juden als Feindbild aus. Auch wenn sie versuchen, ihren Antisemitismus hinter Chiffren zu verstecken, ist dieser in ihren Worten und Taten omnipräsent. Wer sind ihre Wortführer?

Christlich motivierte Aufklärungsfeindlichkeit hat eine lange Tradition. In einigen Regionen, wie dem Südwesten der Vereinigten Staaten (Bible Belt), schränkt christlicher Fundamentalismus nach wie vor konkret das Leben von Frauen und queeren Menschen ein, beispielsweise durch Gesetze gegen

Schwangerschaftsabbrüche oder geschlechtsangleichende Maßnahmen bei trans Personen.

Meine Meinung: In den Südstaaten der USA bzw. im Bible Belt (Bibelgürtel) herrscht an diesem Punkt noch Ordnung. Diese Menschen schützen noch das Leben der ungeborenen Kinder und verteidigen die Ehe von Mann und Frau. Ich sage das jetzt positiv – auch daran könnt ihr sehen, wie unterschiedlich man das formulieren kann. Weiter ist im „Belltower" zu lesen:

Auch im deutschsprachigen Raum gibt es eine nicht zu unterschätzende Szene an christlichen Fundamentalist:innen, die beispielsweise durch Belästigung ungewollt Schwangerer vor Beratungszentren und die antifeministischen „Märsche für das Leben" versuchen, ihre reaktionäre Ideologie zu verbreiten. Mit Personen wie der CDU-Politikerin Birgit Kelle oder Nathanael Liminski, ein enger Berater des ehemaligen CDU-Kanzlerkandidaten Armin Laschet, gibt es zudem enge Verbindungen zwischen fundamentalistischen Christ:innen in die bürgerliche Politik.

Es ist also nicht verwunderlich, dass der rechte Rand des Christentums sich auch in der Querdenken-Szene wiederfindet und sogar einige sehr prominente Vertreter:innen dort hat. Die Wissenschaftsfeindlichkeit, der Antimodernismus, der in der Szene prävalente Hass gegen queere Menschen, Feminismus und „Kulturmarxismus" – Gemeinsamkeiten finden sich ohnehin zur Genüge. Bekanntester unter ihnen ist wohl der Sänger Xavier Naidoo. Dieser Artikel soll ein paar seiner weniger prominenten Geistesbrüder beleuchten.

Nun werden erst einmal der Sender „Klagemauer TV" und der Name Ivo Sasek genannt, der hier unter anderem als rechtsextrem eingestuft wird. Mit diesem habe ich nicht das Geringste gemeinsam, im Gegenteil: Ich habe ihn sogar als falschen Christus entlarvt. Der als zweites erwähnte Matthäus Westfal ist mir überhaupt nicht bekannt.

Und dann wird hier als dritte Person Dr. Lothar Gassmann genannt – darüber war ich natürlich sehr erschrocken. Was da über mich geschrieben wurde, kann ich euch nicht ersparen – aber das bin ich nicht! Ich lese nun, was hier im Netz geschrieben steht, und was man auch nicht mehr gelöscht bekommt. Xavier Naidoo hat gegen den Antisemitismus-Vorwurf geklagt, aber er hat keine Chance gehabt. Das wird stehengelassen und immer wieder aufgerufen. Auch Anwälte haben mir die Chancenlosigkeit, dagegen etwas unternehmen zu können, bestätigt.

Nun lese ich, was im Netz an über mich geschrieben steht. Die Lügen korrigiere ich sofort nach dem jeweiligen Zitat:

Ein weiterer christlicher Fundamentalist, der inzwischen versucht, das Wort Gottes mit Verschwörungserzählungen zur Corona-Pandemie zu verknüpfen, ist der Pfarrer Dr. Lothar Gassmann.

Hier sind bereits zwei Lügen zu finden: Erstens handelt es sich nicht um Verschwörungen, die ich äußere, sondern Fakten, und zweitens bin ich kein Pfarrer, dazu wurde ich nie ordiniert. Dies zeugt schon einmal von Unkenntnis bezüglich meiner Person.

Gassmann steht der AfD, als auch der rechtsoffenen „Werteunion" nahe und teilt auf seinem 5.200 Abonnent:innen starken Telegram-Kanal regelmäßig Inhalte von Politiker:innen wie Beatrix Storch, Tino Chrupalla und Max Otte.

Hier werde ich in AfD-Nähe gebracht. Das Einzige, das ich gemacht habe, war, dass ich zweimal eine Wahlempfehlung abgegeben habe, indem ich gesagt hatte, dass ich das Parteiprogramm der AfD am ehesten in der Nähe der Zehn Gebote sehen würde. Aber dass ich regelmäßig Inhalte von Beatrix von Storch und anderen teile, stimmt auch nicht. Das mache ich ganz sporadisch, wenn wirklich einmal eine gute Aussage im Bundestag gemacht wurde, und das auch von anderen Parteien, nicht nur von der AfD. In anderen Parteien finden sich ebenfalls Politiker, die etwas Gutes sagen, da bin ich durchaus vielseitig. – Weiter:

Der Evangelikale, der seine Doktorwürde in der Theologie mit einer Arbeit über „Das anthroposophische Bibelverständnis" erlangte (richtig!), ist Gründer des Vereins „Christlicher Gemeinde-Dienst" (ich bin Mitgründer, nicht Gründer allein) und hat über 100 Bücher zu allerlei theologischen Themen publiziert (Dies stimmt auch nicht, inzwischen sind es über 200 Bücher). Inzwischen schreibt er primär über die Bedrohung durch Corona-Maßnahmen (stimmt auch nicht, nur gelegentlich schreibe ich darüber. Die Hauptsache ist immer noch das Wort Gottes!), Impfungen und den „Great Reset". Seine aktuellen Bücher behandeln beispielsweise „Das Grüne Umerziehungs-Programm" (Feminismus, Kulturmarxismus, Gender-Umerziehung) oder „EU-Superstaat, Vatikan und die Neue Weltordnung – Bringt die Europäische Union das Ende der Freiheit?". (Ja, das stimmt, in diesem Satz ist kein Fehler!) Auch sein Telegram-Kanal ist eine Mischung aus christlichen Predigten und Verschwörungsnarrativen ...

Alles, was man zur Coronapolitik kritisch äußert, ist gleich „Verschwörung". Ich achte allerdings sehr darauf, dass es sich um Fakten handelt. – Und jetzt geht es los mit der absoluten Verleumdung - und tut mir auch sehr weh:

... die auch hier regelmäßig offen antisemitisch sind.

Zu diesem Vorwurf werde ich nachher ausführlich Stellung nehmen.

Gassmann teilt ein Video über die „Zinswirtschaft" als Instrument jüdisch konnotierter Eliten gegen die hart arbeitende Bevölkerung, behauptet, die „Globalisten" seien treibende Kraft hinter dem Angriffskrieg auf die Ukraine und fabuliert von einem „antichristlichen Weltstaat".

Ja, vor dem antichristlichen Weltstaat warnen wir. Welches Video über die Zinswirtschaft von Juden die ansprechen, ist mir heute noch ein Rätsel. Von mir selber stammt so etwas jedenfalls nicht. Vielleicht habe ich einmal irgendetwas weitergeleitet, wo in einem langen Vortrag eines anderen Redners ein problematischer Satz vorkam (ich höre mir die Vorträge aus Zeitgründen manchmal nicht komplett an). Aber ich weiß bis heute nicht, welcher Vortrag damit gemeint ist.

Und dann geht es weiter:

Untermalt wird diese Behauptung von einem Mann im Anzug, der einen Menschen als Marionette führt – ein klassisches antisemitisches Bild des jüdischen Strippenziehers.

Das habe ich nachgeschaut: Es handelt sich dabei um eine Veranstaltung einer Gemeinde in Bietigheim. Das Bild stammte nicht von mir, sondern das hatte diese Gemeinde als Einladungsflyer gestaltet. Das Bild zeigt einfach einen Strippenzieher, was das bedeutet, davon habe ich keine Ahnung. Die Einladung bezog sich damals auf Vorträge von Uwe Bausch über die neue Weltordnung, dafür hatten sie das Bild gemacht. Ich selber habe bei diesen Veranstaltungen über das Thema „Der Heilige Geist" gesprochen. Das alles hatte mit Judentum überhaupt nichts zu tun.

So wird das alles eben „schön vermischt", es werden Zusammenhänge künstlich konstruiert. Man wird mit Dingen zusammen „in einen Topf geworfen", von denen man selber gar keine Ahnung hat, was da eigentlich läuft. – Soweit zu diesem Bild.

Zudem betreibt Gassmann auf Telegram ein fundamentalistisches „Christen Wiki" (das heißt „Christ Wiki", also auch falsch recherchiert) und organisiert in seinem Heimatort Pforzheim, wo er eine christliche Gemeinde leitet, Veranstaltungen wie den „Trauermarsch für die Opfer der Corona-Maßnahmen".

Hier sind auch zwei Fehler vorhanden: Ich habe diesen Trauermarsch nicht organisiert, bin allerdings mitgelaufen und habe ein Video darüber erstellt. Aber ich war nicht der Organisator. Und ich bin auch nicht Leiter der christlichen Gemeinde, sondern Mitleiter. Wir sind ein Bruderrat von sieben Brüdern, die die Gemeinde gemeinsam leiten. – Es sind in fast jedem Satz Fehler.

Zudem ist er begeisterter Unterstützer von Demonstrationen gegen das Recht auf Abtreibung und setzt sich dafür ein, maskenfreie Gottesdienste durchführen zu dürfen.

Ja, ich muss zugeben, ich unterstütze solche Demonstrationen. Zu meiner Schande muss ich allerdings gestehen, dass ich noch nie bei einer dabei war. Ich bin dafür nicht nach Berlin gefahren. Weil diese Demos sehr stark ökumenisch geprägt sind und dabei auch immer wieder katholische Bischöfe auftreten, habe ich noch nie an einer teilgenommen und habe sie an sich auch nie empfohlen. Aus diesem Grund war ich in Berlin noch nie beim „Marsch für das Leben" dabei.

Maskenfreie Gottesdienste finde ich nur dann gut, wenn keine erhöhte Ansteckungsgefahr durch gefährliche Krankheiten vorhanden ist. Das ist ein Gebot der Vernunft.

Momentan richtet er seinen Aktivismus übrigens gegen eine in Pforzheim gastierende Show namens „Zirkus des Horrors", für ihn eine satanistische Sündenshow. Wie er auf Telegram dokumentiert, steht Gassmann vor dem Zirkuszelt und belästigt Besucher:innen und Schausteller:innen, alles im Namen Gottes.

Was wir gemacht haben, ist Folgendes: Wir haben christliche Flyer auf dem Parkplatz an die Zirkusbesucher verteilt. Das ein Zirkus, bei dem am Schluss in einem Satanskostüm der Teufel auftritt und sich die Mitwirkenden vor ihm niederwerfen. Deshalb haben wir die „Einladung in den Himmel" verteilt, mit den Worten: „Da drin im Zirkus geht's um die Hölle, möchten Sie auch etwas über den Himmel wissen? Das dürfen Sie gerne lesen!" Das sagten wir ganz freundlich, und keiner hat uns dies verboten. Selbst nicht die Zirkusleute, mit denen wir sogar gute Gespräche geführt haben. – Aber wir hätten „belästigt", heißt es hier ohne Kenntnis der Tatsachen!

Christen gegen Impfpflicht. Viele Anhänger:innen von Gassmann (Ich denke nicht, dass es sich hierbei um Anhänger und Anhängerinnen von mir handelt! Ich kenne die meisten nicht einmal.) finden sich in der knapp 1.900 Mitglieder starken Telegram-Gruppe „Christen gegen Impfpflicht". Die seit Dezember 2021 bestehende Gruppe begründet ihre Impfstoffverweigerung mit dem Glauben an Gott, denn der wird's schon richten, wenn der Mensch an Corona erkrankt ist. (Es ist schon heftig, was uns da unterstellt wird! Auch, dass es uns egal sei, wenn die Menschen krank würden.) Dieses blinde Gottvertrauen geht mit einem menschenfeindlichen Sozialchauvinismus einher: wenn (vor allem vorerkrankte oder ältere) Menschen sterben, dann war das nun einmal in Gottes Sinne, so glauben sie. (Unglaublich – dazu muss ich, denke ich, nichts sagen!) Regelmäßig wird die eigene Ideologie anhand wortwörtlich ausgelegter Bibelzitaten begründet, die als Richtlinie für sämtliche Aspekte des Lebens gelten. Eine kritische Textexegese findet nicht statt, stattdessen Corona-Leugnung und Aufklärungsfeindlichkeit.

Ich denke, keiner leugnet, dass es Corona gibt, dass diese Krankheit gefährlich sein kann und dass man die Menschen auch schützen muss. Wir sind lediglich gegen unverhältnismäßige Maßnahmen und gegen den Impfzwang, um das nur kurz zu erklären.

Ich lese jetzt nicht alles vor. Ein paar Sätze weiter heißt es noch:

Auch bei den „Christen gegen Impfpflicht" findet eine Verbindung zwischen christlichem Antijudaismus und modernem Antisemitismus statt, in diesem Falle besonders durch das Narrativ des Juden als „Giftmischer", der früher das Volk über die Brunnenvergiftung, und nun das Gift „Impfstoff" in den Untergang treibt.

Ich weiß nicht, was irgendwelche Leute in die Chat-Gruppe reinschreiben. Ich habe keine Zeit, die Chats zu lesen. Es kann sein, dass dort ein paar solche „Spezieller" drin waren. Wir haben jedoch ein Administratorenteam, das solche Sachen rauslöscht. Alles, was antijüdisch ist, wird immer sofort gelöscht, denn so etwas lassen wir gar nicht zu. Auch entsprechende Statuten in der Gruppe bestätigen, dass es nicht erlaubt ist, dass in dieser Richtung irgendetwas nach außen geht.

Trotzdem wird das hier behauptet. Vielleicht war dergleichen mal eine Stunde im Netz, was dann aber gleich von den Administratoren gelöscht wurde. In eine Chat-Gruppe kann ja zunächst jeder reinschreiben, was er möchte, bis es dann geprüft und gelöscht wird.

Am Schluss wird hier in böswilliger Weise gesagt:

Was sich wie ein roter Faden durch sämtliche Vertreter:innen dieses christlichen Fundamentalismus zieht, ist die Verknüpfung zwischen christlicher Judenfeindlichkeit und antisemitischen Verschwörungsnarrativen. Antisemitismus ist historisch aus antijudaistischen Stereotypen entwachsen, die vor allem durch Martin Luther innerhalb des Christentums an Bedeutung gewonnen haben. Bei Menschen wie Sasek, Westfal oder Gassmann ist es also naheliegend, dass sie in ihrer ideologisch aufgeladenen Welterklärung letztendlich immer Jüdinnen und Juden als Feindbild ausmachen. Auch wenn sie versuchen, ihren Antisemitismus hinter Chiffren zu verstecken, ist dieser präsent.

Nun, in diesem Fall habe ich tatsächlich einen Anwalt gebeten, dorthin zu schreiben. Er möchte nicht, dass ich seinen Namen hier nenne, aber aus seinem Schreiben darf ich vorlesen. Er schrieb also an diese Amadeu-Antonio-Stiftung am 21. April 2022 Folgendes:

Dr. Gassmann / Amadeu Antonio Stiftung

Sehr geehrte Damen und Herren,

Herr Dr. Lothar Gassmann hat mich mit der Wahrnehmung seiner rechtlichen Interessen beauftragt. Ordnungsgemäße Bevollmächtigung wird anwaltlich versichert.

Auf Belltower.News haben Sie am 25.03.2022 einen Artikel mit dem Titel „Christlicher Fundamentalismus und die Querdenken-Bewegung" veröffentlicht. Darin bezichtigen Sie meinen Mandanten u. a. als christlichen Prediger, der Verschwörungsnarrative bediene, die „offen antisemitisch" seien, als Apologeten einer

„Zinswirtschaft als Instrument jüdisch konnotierter Eliten gegen die hart arbeitende Bevölkerung", der dem „Narrativ des Juden als Giftmischer" folge und der „immer Juden als Feindbild" ausmache. Damit wird mein Mandant von Ihnen als antisemitisch abgestempelt. Dieser Vorwurf ist gänzlich unbegründet.

Es schmerzt meinen Mandanten geradezu, dass er völlig unbegründet von Ihnen als Antisemit bezichtigt wird. Das Gegenteil ist richtig. Er ist nämlich ein glühender Verehrer Israels und dem Zionismus zuzuordnen. So war mein Mandant beispielsweise Leiter von insgesamt acht Studienreisen nach Israel. Im Israel-Reiseliederbuch der Gerth Medien hat er nahezu alle Lieder vom Hebräischen ins Deutsche übersetzt, einschließlich der israelischen Nationalhymne. (Diese habe ich für Gerth Medien vor ca. 20 Jahren übersetzt: „Heim ins Land der Väter nach Jerusalem, zog uns die Sehnsucht, kommt und lasst uns gehn!" – Und so jemand wird als Antisemit eingestuft? Da finde ich keine Worte mehr!)

In seinen Bibelkommentaren bekennt sich mein Mandant ausnahmslos zu Israel und dessen Staatsgründung 1948. In ungefähr 30 von ihm verfassten Büchern wird Israel positiv erwähnt. Ich verweise in diesem Zusammenhang allein auf sein Buch „Israel – der Zeiger an Gottes Weltenuhr". Auf S. 18 f. dieses Werkes setzt er sich unter der Überschrift „Der Hass gegen Israel" sehr offen und kritisch mit den Feinden Israels und dem Antisemitismus auseinander.

Vor diesem Hintergrund ist evident, dass die Zuordnung meines Mandanten in das antisemitische Lager gänzlich unbegründet und abwegig ist und als falsche Tatsachenbehauptung qualifiziert werden muss. Sie werden hiermit auf Unterlassung der zuvor zitierten Behauptungen Ihres Artikels in Anspruch genommen. Ich habe Sie aufzufordern, diese umgehend aus dem Artikel zu entfernen.

Heißes Eisen „Corona"

Etwas sagen möchte ich nun auch zum Thema Corona, das ja immer noch aktuell ist. Es ist virulent und kommt wohl auch im Herbst wieder. Es ist nicht aus der Welt, denn es entspricht ja auch dem „Plan". Man spricht von „Corona-Lügen" aufgrund vieler Behauptungen, die sich widersprechen.

Da ich kein Mediziner bin, habe ich mir überlegt, wie ich dieses Thema angehe. Im März 2022 habe ich auf dem Marktplatz Pforzheim eine Rede gehalten. Sie hieß: „Rede für die Freiheit". In ihr habe ich einige dieser Widersprüche, Paradoxien und Unwahrheiten aufgezeigt. Diese Rede wurde h gefilmt und als YouTube-Video veröffentlicht. Das jedoch wurde, wahrscheinlich wegen der entlarvten Widersprüche, Paradoxien und Unwahrheiten in der Corona-Politik, von YouTube dreimal gelöscht und nach Gerichtsbeschlüssen dreimal wieder hochgeschaltet. In den USA und in der Schweiz kann man das Video auf YouTube nach wie vor nicht sehen, aber in Deutschland ist diese Rede wieder freigeschaltet. Warum das so ist, das möchte ich euch jetzt erklären. Ich denke, am Verständlichsten ist es, wenn ich den ersten Teil der Rede vortrage, weshalb wahrscheinlich auch die Zensur eingegriffen hat.

Rede für die Freiheit

Liebe Mitbürgerinnen und Mitbürger!

Wir leben in einer dramatischen Weltlage!

Corona-Viren verbreiten sich. Keiner von uns leugnet ihre Existenz und das mit ihnen verbundene gesundheitliche Risiko.

Aber gleichzeitig muss es erlaubt sein, kritische Fragen an unsere Politiker und die von ihnen verordneten Maßnahmen zu stellen.

Und so frage ich die Regierenden und alle Verantwortlichen in unserem Land:

Wie kann es sein, dass die Corona-Mutanten immer schwächer werden, die Corona-Maßnahmen gleichzeitig aber immer schärfer? (Das war, wie gesagt, im März 2022. Inzwischen wurde ja gelockert, aber gleichzeitig angekündigt, dass die Maßnahmen im Herbst wieder verschärft würden.)

Wie kann es sein, dass Länder wie England und Dänemark die Corona-Maßnahmen lockern und die Pandemie für beendet erklären – und dass gleichzeitig in Deutschland und Österreich die Covid-Impfpflicht eingeführt werden soll? (Die wurde nur durch die Stimmen dieser verachteten Partei, AfD, gestoppt, sonst hätten wir hier auch bereits die Impfpflicht, beziehungsweisen den Impfzwang.)

Wie kann es sein, dass Mitarbeiter in Medizin und Pflegeberufen, Ärzte und Krankenschwestern 2 Jahre lang aufopferungsvoll den Kranken und Bedürftigen gedient haben - und dass sie heute plötzlich in völlig undankbarer Weise mit Arbeitslosigkeit bedroht werden, wenn sie die Covid-Impfung für sich ablehnen? (aus Gewissensgründen)

Wie kann es sein, dass – wie kürzlich in den Medien gemeldet wurde - in Ländern wie Frankreich an Corona *erkrankte* Geimpfte im Pflegedienst arbeiten dürfen, aber *gesunde* Ungeimpfte nicht?

Wie kann es sein, dass Fach-Experten, die vor der Corona-Zeit hoch anerkannt waren – Virologen, Mediziner und andere Wissenschaftler – in den offiziellen Medien so gut wie keinen Raum zur Darlegung ihrer Sicht bekommen, wenn ihre Meinung nicht dem Mainstream entspricht?

Wie kann es sein, dass Politiker in verschiedenen Ländern ohne Abstand und Maske Partys feiern, aber normale Bürger bestraft werden, wenn sie sich in Gruppen treffen und an der frischen Luft keine Masken tragen?

Wie kann es sein, dass in den offiziellen Medien immer nur die Sterbezahlen der „mit oder an Covid Gestorbenen" genannt werden, aber die Zahlen der durch Corona-Maßnahmen oder Impfung Geschädigten nicht?

Wie kann es sein, dass Impfnebenwirkungen, Impfschäden und leider auch Impf-Tote, die es nachweislich und zunehmend gibt, verschwiegen oder bagatellisiert werden? (Wahrscheinlich wurde das Video dieser Rede wegen dieses Abschnitts zensiert und dreimal aus YouTube entfernt. Aber das ist nachgewiesener Maßen so.)

Wie kann es sein, dass die schädlichen Folgen extremer Corona-Maßnahmen verschwiegen oder bagatellisiert werden, als da sind:

- die negativen Folgen umfassender Isolation,
- die negativen Folgen von Angstverbreitung,

- die medizinischen Folgen des Sauerstoffmangels beim Maskentragen,
- die Gefahr der Verstärkung von Herz- und Kreislauferkrankungen durch Bewegungsmangel wegen Einschränkungen des allgemeinen Sports,
- die rapide wachsende Inflation und steigende Armut,
- Existenzängste durch Bedrohung mit Arbeitslosigkeit –
- und nicht zuletzt die steigende Selbstmordrate.

Warum wird all das nicht beachtet beim Beschließen vieler Maßnahmen?

Das muss aufhören!

Das darf so nicht weitergehen!

Warum aber wird es trotzdem gemacht und gegen den Willen von Millionen Menschen in unserem Land durchgesetzt?

Jetzt folgt ein ebenfalls sehr heikler Teil:

Man fragt sich: Geht es vielleicht letztendlich gar nicht nur um Corona und die Impfung, sondern wirklich um den Great Reset, den Großen Umbruch, die Aufrichtung der Neuen Weltordnung durch Globalisierung, Digitalisierung, Abschaffung des Bargelds, die Green Card und die Züchtung des kontrollierbaren, abhängigen Menschen, wie inzwischen viele Menschen befürchten? Ich stelle hier nur Fragen ...

Ich war vorsichtig und habe alles in Frageform formuliert. – Und das Folgende habe ich auf dem Marktplatz unserer Stadt über unseren Bundeskanzler Olaf Scholz ausgeführt, übrigens unter großem Beifall der dort anwesenden mehreren hundert Demonstranten:

Bundeskanzler Olaf Scholz jedenfalls sagte am 19. Januar 2022 bei einer Rede, die virtuell bei einer Sitzung des Weltwirtschaftsforums in Davos übertragen wurde, im Beisein von Prof. Klaus Schwab, dem Autor des Buches „The Great Reset – Der große Umbruch", folgendes:

(Ich denke Klaus Schwab ist zurzeit eine der einflussreichsten Personen in der Welt. Olaf Scholz saß recht klein neben diesem, der ihm wohlwollend ermunternd zugenickt hat, während er sprach und folgendes sagte:)

„Deutschland, bereits heute zweitgrößter Geber der globalen Impfkampagne, wird weiterhin seinen Beitrag leisten. Durch unsere Unterstützung für COVAX wollen wir bis Mitte des Jahres 70 Prozent der Weltbevölkerung erreichen ... Lassen Sie uns also im Geiste von Davos zusammenarbeiten, um die globale Impfkampagne vollständig zu finanzieren. Das wäre auch der Booster, den unsere Volkswirtschaften benötigen."

Soweit ein Ausschnitt aus der Rede von Bundeskanzler Scholz. Und Klaus Schwab nickte ihm wohlwollend zu und sprach von der „Vierten Industriellen Revolution" und „Neuen Renaissance".

Dies habe ich natürlich öffentlich gesagt, und die Zensur hat bereits vor der Türe gelauert.

Klaus Schwab ist einer der einflussreichsten Männer der Welt. Sämtliche Politiker strömen zu ihm nach Davos, auch der deutsche Kanzler. Und dieser Prof. Klaus Schwab betrachtet in seinem programmatischen Buch „Der große Umbruch" die Corona-Krise als Voraussetzung für die Entstehung einer völlig neuen Gesellschaft - mit totaler digitaler Vernetzung

und Kontrolle, mit einem Umbau der Wirtschaft und
mit immer mehr Macht für den Staat und für Groß-
konzerne.

Und in der Tat geschieht das heutzutage! *Aber das
muss aufhören!*

Denn die radikalen Corona-Maßnahmen wie 1 und 2
G schaden nicht nur impffreien Menschen, sondern
auch kleinen und mittleren Betrieben, Firmen und
dem Einzelhandel. Viele werden insolvent und müssen schließen. Aber das muss aufhören!

Und Gott sei Dank, es hört teilweise auf, aber nur
durch den Einsatz mutiger, beherzter Menschen: In
immer mehr Bundesländern werden die 2 G-Maßnah-
men durch Gerichtsbeschlüsse gekippt!

Ich frage weiter: Werden in der „schönen neuen
Welt" am Ende nur Big-Tech-Riesen, Big-Pharma-
Riesen und Multimilliardäre wirtschaftlich überle-
ben? Werden unbequeme Plattformen wie Telegram
zensiert und verboten. Soll das wirklich so kommen?
Nein! *Das muss aufhören!*

Und dann folgte noch der Aufruf:

Lasst uns eintreten für Meinungsfreiheit und Demo-
kratie! Für jeden einzelnen Menschen in unserem
Land! ...

Unsere Gebete dringen zu Gott, unserem Schöpfer
und Erlöser, empor, dass Er selber Umkehr in unserem Land hin zu Ihm bewirkt. Wir beten, dass Gott
die Pandemie und die Maßnahmen, die über jedes
Maß hinausgehen, beendet, indem Er zu den Herzen
der Politiker spricht!

Soweit nur die Kurzfassung aus dieser Rede, die insgesamt zwanzig Minuten gedauert hat. – Diese wurde, wie gesagt, dreimal im YouTube-Kanal gelöscht, und jetzt auch das dritte Mal wieder frei geschaltet. Viele haben dafür gebetet. Zudem hatte ich einen sehr prominenten Unterstützer. Denn allein hätte ich das nicht stemmen können, und wohl auch nicht die einstweilige Verfügung gegen Google erwirkt. Google ist ja das, was YouTube, TikTok, Facebook und so weiter sponsort; dies alles ist miteinander verflochten.

In einem solchen Fall schreibt man an Google nach Irland. Dort hat ein Gericht Einspruch gegen diese Löschungen erhoben. Unterstützt hat mich – das darf ich hier sagen – Professor Max Otte, der 2022 als Bundespräsident kandidiert hatte. Er ist der Vorsitzende der Werteunion, der CDU, wurde aber von der anderen „verschmähten" Partei, der AfD, für die Kandidatur vorgeschlagen. Professor Max Otte hatte es übernommen, den Anwalt zu finanzieren. Dabei handelt es sich um einen sehr guten Anwalt, der schon oft gewonnen hat in Bereichen, welche die öffentliche Meinung betreffen. Ich möchte weder Namen nennen noch ihn hier mit hineinziehen.

Jedenfalls hat die Einstweilige Verfügung Erfolg gehabt und dann ist Folgendes passiert, wovon auch die katholische Plattform „Christliches Forum" und andere berichten. So ist auf dem Kanal „Christliches Forum" in der Meldung vom 27.05.2022 folgendes zu lesen:

Zur Causa „Gassmann gegen Google": Großer Sieg für die Meinungsfreiheit

Gericht untersagt Löschung von Videos durch YouTube mit lediglich pauschalem Hinweis auf Richtlinienverstoß.

Dem Pforzheimer Publizisten Dr. Lothar Gassmann erging es so wie vielen anderen YouTubern: Mehrfach wurden Videos von ihm mit dem allgemeinen Hinweis „Verstoß gegen die Community-Richtlinien" gelöscht.

Eine konkrete Passage in den Videos, die beanstandet wurde, hat Google dabei nicht genannt. (Nur pauschale Löschung ohne genaue Begründung)

Der evangelische Theologe hat jetzt per Einstweiliger Verfügung Recht bekommen:

In Zukunft muss bei allen Löschungen in YouTube die genaue Stelle, die gegen die Community-Richtlinien verstößt, angegeben werden. Das ist ein riesiger Erfolg für die Meinungsfreiheit in unserem Land.

Google muss also zukünftig genau begründen, warum, aufgrund welcher Stellen sie etwas löschen. Das war bisher nicht vorgeschrieben. Das war der Erfolg dieses Musterverfahrens, das wir da geführt haben. Dank meines prominenten Unterstützers, dem ich sehr dankbar bin, hat mich das Ganze keinen Cent gekostet. Das war Gnade Gottes!

Der Anwalt, der das erstritten hat, schreibt auf seiner Seite: meinungsfreiheit.steinhoefel.de folgendes:

Richtungsweisendes Verbot gegen YouTube – Gericht untersagt Löschung mit lediglich pauschalem Hinweis auf Richtlinienverstoß

Während der Corona-Pandemie und auch jetzt noch wurden von den sozialen Medien in ganz erheblichem Umfang Inhalte gelöscht, die gegen die „Richtlinie zu medizinischen Fehlinformationen über COVID-19" (so heißt sie bei YouTube, bei anderen Plattformen ähnlich) verstoßen sollen. Häufig sind entsprechende Videos bei YouTube lang, teilweise 30 Minuten, teilweise erheblich länger. Der Nutzer wird lediglich mit der Behauptung konfrontiert, er habe die Richtlinie verletzt. Worin der Verstoß liegen soll, erfährt er nicht. **Diese Praxis wurde jetzt erstmals in Deutschland gerichtlich untersagt.**

Die Plattform muss im Zeitpunkt der Löschung von Videos und der Verhängung von Sanktionen genau bekannt sein (bekannt geben), welche Passage des Videos ihrer Ansicht nach gegen welche Richtlinie verstoßen soll. Andernfalls würde sie ja löschen, ohne zu wissen warum. Der Nutzer erhält jedoch lediglich den pauschalen Hinweis auf einen angeblichen Richtlinienverstoß. Er weiß nicht, was konkret ihm vorgeworfen wird.

Diese lapidare Mitteilung macht es für den Nutzer unmöglich, seine Ansprüche auf rechtliches Gehör durch die Möglichkeit zur Gegenäußerung wahrzunehmen. Wer nicht weiß, was ihm vorgeworfen wird, kann sich auch nicht verteidigen. Daher ist es für einen interessengerechten Ausgleich der kollidierenden Grundrechtspositionen auch erforderlich, dass dem Nutzer präzise mitgeteilt wird, worin genau die Beanstandung besteht.

Jetzt kommt „der Hammer"!

Wir haben jetzt erstmals in Deutschland eine einstweilige Verfügung gegen YouTube (Betreiber ist Google Ireland Ltd.) erwirkt, mit der der Plattform verboten wird, Inhalte zu löschen oder eine Verwarnung auszusprechen, ohne dem Nutzer genau mitzuteilen, worin die Beanstandung besteht. Dieses Verbot ist nicht nur richtungsweisend für die

Rechte der Nutzer in der Bundesrepublik. Es ist auch rechtskräftig, denn YouTube hat das Verbot am 24.05.2022 als endgültige Regelung anerkannt.

Den Brief habe ich ebenfalls vorliegen, in dem YouTube an meinen Anwalt schreibt, dass sie das Urteil anerkennen und keinen Widerspruch einlegen werden. Das dürfte euch sicher auch interessieren, denn es handelt sich um eine sehr wichtige Antwort der Anwälte von Google und YouTube für alle YouTube-Nutzer in Deutschland und weltweit. Die Anwälte schrieben folgendes an meinen Anwalt, dessen Namen ich hier weglasse:

**Google Ireland Limited / Gassmann
Ihr Zeichen: ...**

Sehr geehrter Herr Kollege ...,

in oben bezeichneter Angelegenheit zeigen wir an, dass wir die Google Ireland Limited vertreten. Ordnungsgemäße Vollmacht wird anwaltlich versichert.

Unserer Mandantin (also Google, YouTube) ... hat kein Interesse an einer weiteren streitigen Auseinandersetzung. Zur Vermeidung der Hauptsache und zwecks Beendigung des Verfahrens erklären wir namens und in Vollmacht unserer Mandantin – ohne Präjudiz für die Sach- und Rechtslage, gleichwohl rechtsverbindlich:

Unsere Mandantin erkennt gegenüber Ihrem Mandanten die per Beschluss vom 23. März 2022 erlassene einstweilige Verfügung des ...Gerichts ... als endgültige und zwischen den Parteien materiell-rechtlich verbindliche, nach Bestandskraft und Wirkung einem entsprechenden Hauptsacheurteil gleichstehende Regelung an. Insoweit verzichtet unsere Mandantin (YouTube, Google) auf die Rechte bzw. Rechtsbehelfe aus den § ... mit Ausnahme künftiger Umstände, die einem rechtskräftigen Hauptsacheurteil entgegengesetzt werden können.

Diese Abschlusserklärung ist auf den im Beschluss zugrunde gelegten Sachverhalt bezogen: sie entbindet Ihren Mandanten nicht davon, die Nutzungsbedingungen und Community-Richtlinien zu beachten.

Freundliche kollegiale Grüße

Dies bedeutet einen großen Erfolg; Google, beziehungsweise YouTube müssen jetzt also angeben, was genau moniert wird. Soweit zu Covid und zur Zensur.

Das Klima – und was daraus gemacht wird

Bevor ich auf uns Christen eingehe, möchte ich noch zur Klimakatastrophe etwas sagen. Auch ich bin Umweltschützer. Ich bin dagegen, dass die Luft verpestet wird, das ist gar keine Frage. Gute, reine Luft ohne Kondensstreifen am Himmel wäre mir auch erheblich lieber. Jedoch, wie ist es mit der Klimaerwärmung?

Einer meiner Leser, Walter Schulz, ein Naturwissenschaftler, hat mir kürzlich geschrieben. Er sandte mir einen Aufsatz und einige Punkte zur sogenannten „Klimalüge". Er sagt:

-   Dass der Kohlendioxidgehalt in der unteren Atmosphäre seit Beginn der Industriellen Revolution von etwa 280 ppm auf knapp 400 ppm (parts per million) zugenommen hat, ist Realität.

- Dass die globale Durchschnittstemperatur seit dieser Zeit um rund 1 Grad zugenommen hat, ist Realität.
- Was falsch ist, ist, aus dieser Korrelation zwischen Zunahme CO2-Konzentration und Temperatur einen Kausalzusammenhang herzustellen. Dieser wäre nämlich zu beweisen, und das ist bisher nicht gelungen.
- Folgende Fakten sind zusätzlich zu berücksichtigen: Die Temperatur war während der nacheiszeitlichen Epoche, in der wir uns befinden, die meiste Zeit HÖHER als heute. In einer dieser Warmphasen war vor Jahrtausenden die Sahara etwa eine grüne Savanne. Alle menschlichen Hochkulturen entstanden in klimatisch günstigen Phasen (Beispiel RÖMISCHES REICH). Kalte Phasen brachten Hunger, Tod, Not, Völkerwanderungen, Auswanderungswellen aus dem Europa nach der Renaissance.
- Die kälteste Phase der Nacheiszeit erstreckte sich etwa von 1550 bis 1850. Aus dieser Zeit stammen unsere Traditionen von weißer Weihnacht und aus tiefer Not flehende Choräle wie die von Paul Gerhardt.
- Es ist klar, dass es danach eigentlich nur wärmer werden konnte.
- Wir sind jetzt in keiner besonders warmen sondern durchschnittlichen Phase, der Temperaturanstieg ist abgebremst.

Das bedeutet: Klimahysterie zu schüren, ist eigentlich ein Vergehen, eine Lüge. Sie wird benutzt. Die Leute fallen darauf herein. Sie ist ein Teil der

Demolierung unserer Welt zum Zwecke des Great Reset.

Das ist die Meinung von Walter Schulz, mit dessen Genehmigung ich sie hier zitieren darf.

Vorsicht bei Kriegspropaganda von Ost und von West

Zum Krieg möchte ich nur wenige Sätze sagen. Wenn Krieg ist, muss man immer besonders vorsichtig demgegenüber sein, was berichtet wird, sowohl von der einen als auch von der anderen Seite. Das ist ganz klar, denn es geht dabei um sehr große Konflikte, um sehr grundsätzliche Interessen von Ost und von West. Ich bin da sehr vorsichtig, bevor ich irgendeiner Meldung, komme sie von Russland oder von der NATO her, Glauben schenke. Kriegspropaganda kennen wir aus allen Weltkriegen, und auch heute müssen wir da besonders aufpassen. Wir dürfen uns nicht in irgendeine Richtung aufhetzen lassen, darum möchte ich einfach bitten.

Als Christen wollen wir beten für die Menschen in Russland, für die Menschen in der Ukraine, für die Menschen in Europa und dafür, dass nicht immer noch mehr Waffen ins Feld kommen und noch mehr Menschenleben geopfert werden, sondern dass es Verhandlungen gibt. Je mehr Waffen, desto mehr Tote – das ist die Konsequenz und der Grund, warum ich nicht dafür bin. Ich wünsche mir wirkliche Friedensverhandlungen. Ich wünsche mir, dass man auch die Interessen Russlands ernst nimmt, das eine Pufferzone um sein Land herum möchte. Russland möchte nicht, dass die NATO bis an seine Grenzen rückt. Dennoch rechtfertigt das Nichtberücksichtigen dieses „Wunsches" nicht den Angriffskrieg; es müssen endlich wieder Verhandlungen stattfinden! Dafür dürfen wir als Christen beten! – Soweit nur ganz kurz meine Meinung dazu.

Nun zum letzten Teil dieses Vortrags und zu der Frage:

3. Wie können wir die Wahrheit erkennen und in ihr bleiben?

Ich habe hier nicht pauschaliert und jedem Journalisten unterstellt, dass er lügt. Genannt habe ich nur einige Beispiele, die als eindeutige Lügen in der Presse, im Internet und so weiter erscheinen können - oder auch Halbwahrheiten, die ja noch gefährlicher sind, wenn „so ein bisschen Wahrheit" da ist, ein Teil also stimmt, ein anderer dann aber hinzugedichtet wird. Aber wie können wir als Christen (unabhängig von Presse, Nachrichten, Fernsehen, Internet und anderen Medien) die Wahrheit erkennen und in ihr bleiben?

Wichtig dafür ist, dass wir die Urkunde lesen, die absolut wahr ist, nämlich Gottes Wort, die Bibel. Da finden wir Gott, den HERRN Jesus Christus, als DIE Wahrheit. Und dadurch haben wir die feste Basis, das Fundament, von dem aus wir alles prüfen können.

Vom Wort Gottes her können wir alles prüfen, was uns in den Medien von den Politikern, von den Gerichten und allen möglichen anderen Seiten her berichtet wird. Lest also Gottes Wort! Wir sollten es in- und auswendig kennen. Darin lesen wir über die Endzeitentwicklungen und das, was jetzt geschieht, auch in Bezug auf Kriege. Auf Grund des Wortes wissen, wir, was noch kommt und dass es auf der letzten Stufe der Endzeit noch schlimmer werden wird, wenn der Antichrist sich entfaltet. Seien wir nüchtern und wachsam, bleiben wir ganz an Gottes Wort! Gottes Wort will uns leiten und auch vor Verführung schützen.

Was die Medien angeht, die Politiker und so weiter, gilt: Denen dürfen wir leider – es ist wirklich so – nicht alles glauben. An sich war das schon immer so. Oft handelt es sich dabei um Menschen, die noch nicht gerettet sind, die noch keine Christen sind und die davon schreiben oder reden, wie sie die Dinge von ihrer jeweils ideologischen Einstellung her zu erkennen meinen. Die meisten Journalisten in Deutschland sind keine lebendigen Christen, sondern Atheisten oder irgendwelche Ideologen linkssozialistischer Couleur – und das merkt man auch!

Eine der seltenen Ausnahmen ist Peter Hahne, der inzwischen im Ruhestand ist und immer wieder Bücher und weitere Texte mit schneidenden Kommentaren schreibt. Wir haben Kontakt miteinander und ich freue mich immer, mich mit ihm und auch mit Ulrich Skambraks von TOPIC austauschen zu können. Das sind Journalisten, die sich bemühen, die Wahrheit zu berichten. Christlicher Journalismus sollte ganz wahrhaftig sein – ich hoffe, dass es immer so ist, dass wir nicht auf diesen Zug aufspringen. Leider gibt es auch da oft nur sehr einseitige Stellungnahmen, und man versucht nicht, alle Seiten anzuhören. Das ist jedoch immer sehr wichtig! Wir haben zwei Ohren, sollten somit immer beide Seiten hören und uns dann unter Gebet eine Meinung bilden. Aber auch da müssen wir vorsichtig sein und dürfen nicht alles glauben, was berichtet wird.

Natürlich dürfen wir gemäß Römer 13 und anderen Stellen für die Obrigkeit beten. Das ist wichtig, auch wenn wir vieles von dem, was gesagt wird, nicht mehr glauben. Beten dürfen wir für jeden Menschen, auch für die Journalisten, die uns verleumden. Das sind Menschen, die auf irgendeine Weise instrumentalisiert werden, die hirngewaschen wurden, die Hetzpropaganda gegen konservative Menschen und auch gegen Christen machen müssen. Für sie wollen wir beten, dass sie die Wahrheit erkennen und von ihrem falschen Weg umkehren.

Dann dürfen wir Menschen über die Wahrheit aufklären, soweit wir sie vom Wort Gottes her erkannt haben - und da, wo ganz klare Lügen sind, deutlich sagen, dass das nicht stimmt. So können wir unserem Umfeld mitteilen, dass diese Lügendinge dazu dienen, um

Menschen fertig zu machen, zu isolieren und in ein schlechtes Licht zu rücken. Was meine Person betrifft, so dürft ihr entsprechend entgegnen, dass Lothar Gassmann kein Antisemit ist. Und auch, was die anderen betrifft, die ich heute zitiert habe, wie Helmut Matthies und Johannes Holmer. Als Geschwister sollten wir uns auch vor sie schützend stellen.

Kritisches Denken gegen den Zeitgeist ist uns als Christen geboten. Wir dürfen nicht alles schlucken. Ich bin entsetzt, dass es in Bezug auf die Corona-Maßnahmen auch in den Gemeinden offenbar zwei Richtungen gab oder immer noch gibt: Solche, die immer nur vor dem Fernseher sitzen und die Tagesschau sehen, alles glaubend, was da berichtet wird, aber auch solche, die sich die Mühe machen – gerade in den sozialen Medien – die andere Seite zu hören, um sich dann erst eine Meinung zu bilden. Wer sich natürlich nur die öffentliche Meinung anhört und somit alles für bare Münze nimmt, für den ist es klar, dass er nur noch in Angst und Panik lebt.

Leider ist es nicht mehr so, dass wir den Medien alles glauben können. Diese Erfahrung habe ich die vergangenen Jahre gemacht. Wir müssen sehr kritisch auch zwischen den Zeilen hören lernen, was wahr ist – oder unwahr oder tendenziös.

Seht ihr, dass Problem besteht darin, dass in vielen Berichten nicht mehr zwischen Meldung und Kommentar unterschieden wird, sondern dass der Kommentar schon in die Meldung hineinfließt. Das ist heute das Grundproblem im Journalismus. Nebenher bin ich ja auch Publizist, Journalist und Verlagsgründer. Wir müssen also wieder ganz sauber trennen zwischen Meldung und Kommentar!

„idea" versucht das noch zum Teil, indem es extra einen Kommentar zu den Berichten schreiben lässt. So viel sei zwischendurch auch zur Ehrenrettung von „idea" gesagt. Allerdings auch da gelingt dies nicht immer, in der weltlichen Presse jedoch noch weniger, und das ist an sich kein guter Journalismus. Eine Meldung muss so objektiv wie

irgend nur möglich sein, ohne dass man wertende Adjektive hinein-
bringt oder den Leuten irgendwelche Etiketten anlegt, wie beispielsweise „antisemitisch". Es muss einfach berichtet werden, was real geschehen ist und was wirklich gesagt wurde, möglichst nicht aus dem
Zusammenhang gerissen. Und dann kann man vielleicht auch einen
Kommentar schreiben und seine Meinung als Journalist dazu abgeben.
Nur heute ist das leider kaum noch zu trennen.

Eine *neue Ehrlichkeit* sollten wir einfordern, eine neue Ehrlichkeit
im Umgang miteinander! In der Politik wird das schwierig sein, aber
zumindest in der Gemeinde sollten wir einen offenen Umgang miteinander anstreben. Wir sollten lernen, uns offen gegenseitig die Wahrheit zu sagen und darüber Buße zu tun, wo wir Zungensünden (Verleumdung) begangen haben.

Jeder von uns hat gewiss schon einmal über andere schlecht gere-
det. Damit wollen wir vorsichtig sein. Bevor wir etwas weitertragen,
sollten wir Dinge lieber zehnmal prüfen. Wenn mir jemand etwas über
andere erzählt, bin ich immer sehr zurückhaltend und frage: „Stimmt
das?", „Muss das gesagt werden?" Ich fordere auf: „Lass es uns berei-
nigen!". Es ist wichtig zu überprüfen: Ist es wahr? Ist es hilfreich? ist
es nützlich? – oder macht es nur kaputt? Das „Afterreden" in Gemeinden ist ein großes Problem! Wir wollen nicht nur auf die Journalisten
zeigen, sondern auch uns selber immer wieder prüfen!

Uns selber von der Welt unbefleckt halten das sollten wir anstreben, auch was die Zungensünde angeht. Und vor allem dürfen wir den
HERRN Jesus über alles lieben und Seine Gebote halten! Denn sie
sind nicht schwer, sagt Er uns in Seinem Wort. Wir wollen dem
HERRN Jesus treu bleiben, auch wenn dies Spott und Verfolgung mit
sich bringt. Wir befinden uns in der Endzeit, und da wird es enger und
schwerer. Und es wird auch Christenverfolgung kommen. Das ist die
Zeit, in der wir jetzt leben.

Jesus Christus kommt wieder! Darauf freuen wir uns! Er wird all diesen Lügen, Verdrehungen und Verleumdungen ein Ende machen. Der HERR wird für uns streiten, wir werden stille sein. Auch wenn wir nicht alles aus der Welt herausbekommen, was über uns Falsches behauptet wird, dann betet einfach für die betreffenden Menschen, und Gott wird zu Seiner Zeit Gerechtigkeit schaffen! Darauf dürfen wir vertrauen, so dass wir nicht bitter werden müssen. Der HERR Jesus sagt: „Segnet die euch fluchen, betet für eure Feinde!" Das Ziel ist, dass sie Jesus Christus kennen lernen, damit sie gerettet werden und nicht verloren gehen. Amen!

Zum Schluss möchte ich nun noch mit uns beten!

Lieber Heiland, schenke bitte, dass wir erkennen, was die Stunde geschlagen hat, wo so viel Lüge tobt und Verdrehung. Hilf uns, die Geister zu unterscheiden, damit wir nicht von jedem Wind der Lehre hin- und hergerissen werden und nicht allem blind glauben, sondern prüfen und beten, auch für diejenigen, die noch auf der Seite des Teufels stehen, ohne dass es ihnen bewusst ist. Du mögest sie noch retten, HERR! Erbarme Dich bitte und bewahre uns vor dem Bösen. Vergib uns, wenn wir nicht immer die Wahrheit gesagt haben. Schenke es, dass wir ganz wahrhaftig in Dir sind, HERR, und sei Du mit uns. Amen.

Wir sind in einer Zeit angekommen, in der man alle Meldungen – sei es von links oder von rechts – kritisch überprüfen muss, weil kaum noch der Kommentar von der Nachricht getrennt wird. Das ist sehr bedauerlich. Der Autor, der selber schon Opfer von Zensur und Verleumdung wurde, zeigt an einigen Beispielen auf, wie Wahrheit so verdreht wird, dass etwas anderes und oft sogar das Gegenteil dabei herauskommt. Seien wir wachsam, damit wir nicht dem „Vater der Lüge" verfallen, sondern in der Wahrheit bleiben – auch in unserem eigenen Leben! Dazu möchte dieses aufrüttelnde und hochaktuelle Buch helfen.

Dr. Lothar Gassmann ist Theologe und Publizist. Er schrieb über 200 Bücher zu Fragen des christlichen Glaubens und aktueller Zeit-Entwicklungen.

9 798844 160059